AF545666

Patrick Baumgärtel

Krimis schreiben

Dr. Patrick Baumgärtel war in internationalen Literaturagenturen und namhaften Verlagen tätig, bevor er 2009 die Literaturagentur Schoneburg in Berlin gründete. Seit 2013 leitet er das Lesefestival Krimimarathon Berlin-Brandenburg.

Patrick Baumgärtel

Krimis schreiben

Wie Sie erfolgreiche Kriminalromane schreiben, überarbeiten und in einem Verlag oder als Selfpublisher veröffentlichen

Autorenhaus

Die Daten sind im Internet abrufbar unter http://www.dnb.de.

Buchdesign: Sigrun Bönold

Originalausgabe

ISBN 978-3-86671-150-1

Umwelthinweis: Dieses Buch wurde auf chlor- und säurefreiem Papier gedruckt.

INHALT

Zuallererst

Es gibt kein Verbrechen, von dem ich mir nicht vorstellen könnte, es selbst zu begehen.
(Johann Wolfgang von Goethe)

Krimis sind mittlerweile ein Teil unserer Alltagskultur geworden. Jeder kennt sie und fast jeder liebt sie: im Fernsehen, Kino, Internet, Radio – oder als Buch. In ihnen können wir unseren verborgensten Trieben nachgehen, uns in gruslige Situationen hineinversetzen, Ängste ausstehen und Mutproben imaginieren. Krimis zeigen, wie wir selbst in extremen Situationen fühlen, denken und handeln könnten. Und das Beste ist: Am Ende gewinnt meistens das Gute, die Gerechtigkeit.

Was mir besonders am Krimigenre gefällt, ist die Musterhaftigkeit. Über Jahrzehnte hat es sich für Leser als beständig und attraktiv gezeigt. Viel stärker als im zeitgenössischen Roman hat der Krimiautor klare Vorgaben, an die er sich halten muss, um seinem Genre gerecht zu werden. Auch wenn diese Vorgaben von vielen Autoren frei und in alle möglichen Richtungen hin ausgelegt werden, helfen sie dem Anfänger, seinen Text an einem schon vorgefertigten Gerüst auszurichten. Dadurch ist es für den Nicht-Profi leichter, einen guten Krimi als einen guten Roman zu schreiben.

Ich versuche in diesem Buch, analytisch vorzugehen, um Ihnen so viele Regeln wie möglich an die Hand geben zu können. Das mag manchem unkreativ vorkommen, doch für Schreibanfänger gilt: man muss die Regeln beherrschen, um sie brechen zu können. Versuchen Sie sich zu Beginn nicht an zu viel Originalität, weil Sie denken, Regeln zu folgen führe zu Schematismus! Wir brauchen erst einmal ein festes Modell. Bleiben Sie also demütig und üben, üben, üben Sie! Später können und sollten Sie sich ständig am Verlassen der hier vorgeschlagenen Wege versuchen.

Ein perfektes Manuskript gibt es nicht. Selbst wenn der Autor der Meinung ist, da wäre nichts mehr zu ändern, meldet der Literaturagent oder der Lektor, oder höchstwahrscheinlich beide, immer noch Änderungswünsche an. Das gilt für den Debütanten wie für den erfahrenen Autor. Ergebnis dessen wird sein, dass bis zum Erscheinen durchschnittlich 10 bis 30 Prozent des Textes in den Papierkorb fallen. Über die Streichexzesse bestimmter Lektoren gibt es berühmte Anekdoten. Am bekanntesten mag der Fall von Eigenmächtigkeit sein, der den Lektor Gordon Lish bis zu 80 Prozent des Textvolumens einiger Kurzgeschichten von Raymond Carvers »Wovon wir reden, wenn wir von Liebe reden« streichen ließ. Er änderte Plot, verknappte Dialoge, strich Abschweifungen und schuf so den berühmten Carver-Sound, an dem der Autor von nun an gemessen wurde – und dem er auch bereitwillig folgte.

Als Literaturagent und Schreibcoach hat man immer auch den aktuellen Buchmarkt im Blick. Es ist nicht nur wichtig zu wissen, welche Verlage welche Art von Spannungsliteratur veröffentlichen, sondern auch, welche Themen und Subgenres gerade gut laufen. Liefere ich das als Agent nicht passgenau, wird mein Angebot abgelehnt.

Dementsprechend versuche ich in diesem Ratgeber Ihnen so konkrete Tipps wie möglich an die Hand zu geben, wie Sie Ihr Buch auf den aktuellen deutschsprachigen Buchmarkt ausrichten können. Meine Beispiele entstammen zu einem großen Teil zeitgenössischen deutschsprachigen Krimis.

Dieser Ratgeber ist für Autoren gedacht, die entweder noch am Anfang ihrer Schriftstellerlaufbahn oder inmitten eines riesigen Schlamassels namens Schreibkrise stehen. Beide werden in diesem Buch Rat finden: erstere in der Planung, Konzeption und Umsetzung ihres Krimis. Letztere durch Ideen und Inspiration.

Ich setze also mit diesem Buch voraus, dass sich Autoren von außen Rat holen können und wollen. Wenn Sie ein Anhänger der romantischen Genie-Theorie sind, nach der alle Inspiration von innen kommt, dann ist dieses Buch für Sie nicht das richtige. Dann brauchen Sie nämlich gar keinen Ratgeber, denn eine innere Stimme, Ihr persönlicher Ratgeber, diktiert Ihnen, wie sich die Figuren und der Plot entwickeln. Dieser Art von Autor kann man dann nur den Tipp geben, der eigenen Intuition zu folgen, darin erschöpft sich alle Hilfe.

Allen Käufern und Lesern dieses Buches ist es selbst überlassen, wie weit sie den Tipps folgen und wie stark sie ihren Text konzipieren und im Vorhinein festlegen wollen. Anfängern im Krimibusiness rate ich dazu, möglichst viel in die Vorbereitung und Planung zu investieren, um nicht abzuschweifen, das Thema zu verwässern, sich im Figurendschungel zu verlieren oder den roten Plot-Faden zu verlieren.

Ich bemühe mich, bei allen Beschreibungen und Ratschlägen so konkret wie möglich zu formulieren. In zu vielen Ratgebern des Kreativen Schreibens herrscht ein Phrasen-Sound, der zwar beim Lesen gut (und womöglich motivierend) klingt, aber dem Leser letztlich nicht hilft, weil er nicht weiß, wie diese oder jene abstrakte Formel im Konkreten umzusetzen ist.

Auch wenn ich aus Gründen des Leseflusses nicht jedes Mal »der Autor und die Autorin« schreibe und damit der politischen Korrektheit Abbitte leisten muss, richtet sich dieses Buch an alle, die schreiben und schreiben wollen.

1.
Apropos, was ist ein Krimi?

»So lange um uns herum Chaos und Gewalt existieren,
wird es auch Krimis geben, aber ab dem Tag,
an dem es nirgends mehr Gewalt und Chaos gibt,
höre ich sofort auf, Krimis zu schreiben.«
(Liza Marklund)

Schwer zu sagen, was als erster Krimi der Weltliteratur zählt. Manche sagen, es war das älteste erhaltene Stück überhaupt, das Gilgamesch-Epos, andere rechnen Homers Ilias dazu, wieder andere meinen, die Pioniertat in Edgar Allan Poes »Doppelmord in der Rue Morgue« von 1841 zu erblicken. Zumindest seit Letzterem hat das Genre einen Höhepunkt nach dem anderen vermeldet.

Unsere Kultur ist ohne Figuren wie Sherlock Holmes, Miss Marple, Maigret, Columbo oder Derrick nicht mehr denkbar. Heute ist das Genre im deutschsprachigen Raum das populärste schöngeistige Genre und Krimis füllen das deutsche Fernsehprogramm. Ja, einige lamentieren über eine »Krimi-Schwemme«. Sie sicher nicht, denn Sie wollen ja einen schreiben. Dennoch sollten Sie sich, bevor Sie sich bei Literaturagenten oder Lektoren bewerben, über das Genre oder Subgenre Ihres Textes im Klaren sein.

Doch was genau ist ein Krimi? Ganz abstrakt könnte man sagen, es ist die Darstellung der **Aufklärung** – und möglicherweise der Sühne – einer in der Vergangenheit geschehenen kriminellen Tat und ihrer Umstände. Der Aufklärer müht sich um eine Analyse der im historischen Dunkel liegenden Ereignisse. Ihn interessiert vordergründig nur die Vergangenheit. Da seine Suche auf den Wahrheitscharakter der Erinnerung abzielt und Erinnerung ein Instrument von Machtpolitik ist, geht es ihm aber auch um Gegenwart und Zukunft. Da Mord nicht verjährt, kommt zu seinem moralischen Anliegen noch ein juristisches hinzu. Durch das Gespräch mit Zeugen und Beteiligten rekonstruiert er ein Geschehen, von dem nur wenige, vielleicht ja sogar nur das Opfer und der Täter wissen. Bei dieser Reise in die Vergangenheit begleitet ihn der Leser, der ebenfalls wissen will, was geschah. Beide entwickeln dabei konkurrierende Modelle jener Wirklichkeit und ein großer Reiz beim Lesen besteht darin, mit seiner Lösung am Ende richtig zu liegen.

Der Ermittler verlässt bei seinen Nachforschungen seinen ursprünglich gesicherten Raum und begibt sich in eine **unbekannte gefährliche Welt**, die er ein Stück sicherer machen soll. Wird er es schaffen? Der moderne Leser, von Staat und Polizei geschützt, kann für sich auf diese Weise ihm persönlich unbekannte, archaische Gefahrensituationen in der Vorstellung durchspielen.

Die klassische Form des heutigen Kriminalromans ist der »Whodunit«-Krimi, eine Verballhornung der englischen Frage »Who has done it?«, wer war's? Dieser Rätsel-Krimi, der aus verschiedenen Erzählperspektiven erzählt werden kann, hat sich aus dem Schauerroman des 18. und 19. Jahrhunderts entwickelt und seinen Höhepunkt bei Agatha Christie gefunden.

Um das relativ neue Genre Krimi zu definieren, gab es im 20. Jahrhundert eine ganze Reihe von Krimiregellisten. Schauen Sie sich die von S. S. van Dine, Ronald A. Knox oder Elmore Leonard einmal an, die können auch heute noch hilfreich sein. Regellisten sind bei Autoren beliebt, weil sie die Essenz des Kreativen Schreibens genau auf den Punkt bringen. Aber Achtung! Es sind aus dem Kontext gerissene Gesetze, die häufig der weiteren Erläuterung bedürfen und zum Teil sehr stark auf die jeweilige literarische Ästhetik des Verfassers zugeschnitten sind.

Die Krimi-Subgenres

Nach und nach entstanden bis heute verschiedene Subgenres des Krimis und Erzählweisen von Spannungsliteratur. Dazu gehören unter anderem:

- **Cosy-Krimi**: Auch Häkel-, Kuschel- oder Landhauskrimi. Blutarme, aber amüsante Variante, bei dem keine brutalen Morde zu befürchten sind, sondern zumeist gewiefte Amateur-Ermittlerinnen in pittoresker, meist ländlicher Atmosphäre, zum Beispiel an der Nordsee, auf eigene Faust und unter behaglicher Gefahr den Täter, der nicht immer ein Mörder sein muss, suchen und zumeist auch finden. Beispiel: Gisa Paulys »Mama Carlotta«-Krimis
- **Dystopischer Krimi:** Über dem Helden und den Seinen bricht eine Katastrophe ungeahnten Ausmaßes herein. Nur wenige wussten vorher davon: die Täter. Unser Held spürt sie auf und rettet die Menschheit. Beispiel: Marc Elsberg – *Blackout*
- **Entführungskrimi**: Das potenzielle Opfer ist verschwunden. Hat überhaupt ein Verbrechen stattgefunden? Die Polizei unternimmt nichts, also ergibt sich eine gute Möglichkeit für den Amateur-Ermittler, den »Spürhund«. Er verfolgt die Spuren, bis er erstens von der Lebendigkeit des Verschwundenen überzeugt ist und zweitens den oder die Entführer fasst. Bei einem ermittelnden Partner oder Freund des oder der Entschwundenen geht es dann auch um die Entdeckung unbekannter Facetten desjenigen. Beispiel: Maxim Leo – *Auentod*
- **Ermittlerkrimi**: Klassischer Krimi, bei dem die Ermittler eine Kommission bilden, also professionell in einem Mordfall ermitteln. Am Anfang steht ein Verbrechen. Der Leser begleitet den Ermittler und sein Team bei dessen Aufklärung und kann parallel dazu Vermutungen über den möglichen Täter anstellen. Daraus entsteht für ihn eine reizvolle Rätselmöglichkeit. Die Figur des Ermittlers ist hierbei von hoher Bedeutung, aber auch die seines Gegners, des Täters. Zum Schluss wird der Fall aufgeschlüsselt, der Täter »enttarnt«. Beispiel: Reinhard Rohn – *Morgen stirbst du*
- **Gaunerkomödie**: Nahe an der Verwechslungskomödie. Hier ist nicht unbedingt ein Mord vonnöten, sondern der Spaßfaktor steht

im Vordergrund. Die Figuren haben oft eine satirische Schlagseite. Beispiel: Hans Rath, Edgar Rai – *Bullenbrüder*

- **Gangsterballade, Verbrecherbiografie, True Crime**: Das Verbrechen wird realistisch geschildert, vor einem gut recherchierten biografischen Hintergrund (insofern auch Teil von True Crime) aus Opfer-, Täter- oder Ermittlersicht. Heute gehören dazu aktuelle, international bekanntere Kriminalfälle oder Kriminellenbiografien. Manchmal wird rein dokumentarisch erzählt, manchmal fiktiv eingefärbt. Beispiel: Truman Capote: *Kaltblütig*
- **Historischer Krimi**: In der Vergangenheit angesiedelter Krimi mit entsprechender Kulisse und darin angesiedelten Figuren. Hier muss gut recherchiert werden. Alle historischen Details sollten stimmen. Ein Hobby vieler Leser dieser Art von Krimis ist es, Autoren geschichtlicher Unstimmigkeiten zu überführen. Auch die Dialoge sollten nicht wie heutige klingen, aber trotzdem für heutige Leser lesbar sein. Beispiel: Volker Kutschers Gereon Rath-Reihe
- **Justizkrimis**: Die Ermittlung durch die Mordkommission und die Verhaftung des oder der Verdächtigen sind erfolgt. Nun ist es am Rechtsanwalt oder Richter zu beweisen, warum die Kriminalpolizei schlechte Arbeit geleistet hat und der Angeklagte unschuldig ist. Idealerweise wird der wahre Täter gleich mit auf dem Tablett geliefert. Beispiel: Andreas Föhr – *Eifersucht*
- **Kinder- und Jugendkrimi**: Der Ermittler oder Detektiv muss hier gewisse kognitive Fähigkeiten besitzen. Die Komplexitätsebene ist aber im Vergleich zu Erwachsenenkrimis reduziert. Kinder oder Jugendliche – das Alter der Leser orientiert sich am Alter und der entsprechenden Sprache der Hauptfigur – sind die Protagonisten in verschiedenen Genres wie Rätselgeschichten oder Umweltthemen. Beispiel: *Die drei Fragezeichen*
- **Krimi *noir***: Anders als die Freiheitsstatue: von den Amerikanern entwickelt und von den Franzosen gern aufgenommen. Auch *hardboiled detective novel* oder *Roman noir* genannt. Im Mittelpunkt steht der einsame Großstadtdetektiv, der Asphaltcowboy: illusionslos, zynisch, unabhängig und unbeugsam: ein schmutziger Held

in schmutziger Umgebung. Er nimmt keine Rücksicht auf Gesetze oder Regeln, sondern kennt nur einen Boss: Justitia. Der Krimi noir ist die ungeschönte, Action-reiche Variante des Rätselkrimis. Am Ende steht kein Happy End, sondern häufiger das Patt oder der Pyrrhussieg: alle sind irgendwie Verlierer. Beispiel: Sven Heuchert – *Dunkels Gesetz*

- **Kulinarischer Krimi**: Hier ist der Ermittler ein Connaisseur und Liebhaber bestimmten Essens oder Trinkens. Manchmal steht am Ende des Buches noch eine Reihe der im Krimi erwähnten Rezepte. Nahe am Cosy-Krimi, existiert er auch in der Unterart Wein- oder Whiskey-Krimi. Beispiel: Ella Danz' Kommissar Angermüller-Reihe
- **Profiler-Krimi**: Die Wissenschaften Pathologie und Psychologie bilden den Schwerpunkt der Ermittlung. Der Profiler, oder auf Deutsch »Operativer Fallanalytiker« (OFA), versenkt sich mit viel Empathie und psychologischem Know-How in die Persönlichkeitsstruktur des (Serien)Täters. Beispiel: Ule Hansen – *Neuntöter*
- **Provinzkrimi**: In der Ödnis der Provinz zwischen Kühen und Schweinen ist ein Menschenmord geschehen! Die Polizei ist geschockt, muss aber leider trotzdem ermitteln. Beispiel: Sven Stricker: *Sörensen fängt Feuer*
- **Regionalkrimi**: Die Region, die unsere Figuren nur ausnahmsweise verlassen, hat einen entscheidenden Einfluss auf die Atmosphäre des Krimis. Regional spezifische Charakteristika spielen eine große Rolle: Pferdezucht, Weinanbau, Bergsteigen, Grüne Sauce, Leipziger Allerlei etc. Anders als im Provinzkrimi wird hier jede Bar und jeder Supermarkt im Ort mit realem Namen benannt, sodass der Leser die Tatorte und Schauplätze nachgehen kann. Beispiel: Klaus-Peter Wolfs Ann Kathrin Klaasen-Reihe
- **Spannungsroman**: Der Spannungsroman ist am nächsten am klassischen Roman angesiedelt und am freiesten, was die Befolgung des Krimimusters angeht. Hier stehen nicht so sehr die Suche nach dem Täter im Vordergrund, sondern die Umstände der Tat und die Figur des Täters. Es muss nicht unbedingt Tote geben und

bedarf nicht unbedingt eines Happy Ends. Beispiel: Sascha Arango: *Die Wahrheit und andere Lügen*

- **Thriller**: Der Thriller will den Leser nicht wieder hergeben, sondern ihn an sich fesseln. Er ist meist aus personaler Perspektive erzählt, hin und wieder mit unzuverlässigem Erzähler, der gleichzeitig Täter ist. Der Täter und die Gefährdung des Ermittlers stehen im Mittelpunkt. Der Protagonist muss hier nicht nur ermitteln, er muss eine drohende Gefahr verhindern, gerät also selbst in eine Verteidigungshaltung. Der Leser weiß mehr als der Protagonist, wodurch er um den Ermittler und andere Figuren fürchtet. Manche ordnen den – später entstandenen – Thriller als eine Unterart des Krimis ein, andere als verschiedenes Genre. Beispiel: Andreas Pflüger – *Endgültig*
- **Tierkrimis**: Protagonisten sind alle Arten von Tieren: Katzen, Hunde, Schafe, Erdmännchen, Gänse. Sie besitzen menschenähnliche kognitive Fähigkeiten und ermitteln auf eigene Faust oder zusammen mit Menschen. Beispiel: Moritz Matthies – *Letzte Runde*

Überlegen Sie sich gut, zu welchem dieser Subgenres Ihr Manuskript gehört. Ist es überhaupt ein Krimi? Wenn Sie sich nicht sicher sind, ob es nicht auch eine Liebesgeschichte oder ein Coming-of-Age-Roman ist, machen Sie lieber zwei Romane daraus. Wenn Sie nicht sagen können, was das eigentliche Verbrechen ist, wer Ihr Protagonist und Ihr Antagonist ist, oder wenn beide die gleiche Figur sind, haben Sie womöglich ein **Genreproblem**, das Sie lösen müssen. Es ist gerade die oben beschriebene Musterhaftigkeit, die den Krimi ausmacht. Ohne Mordfall, Ermittlung und Auflösung werden Sie kaum einen Krimi schreiben können.

ÜBUNG

Was ist Ihr Lieblingskrimi? Zu welchem Subgenre gehört er? Warum? Was genau mögen Sie an ihm? Versuchen Sie von ihm zu lernen, ohne ihn zu kopieren!

2.
Wie kriminell sind wir eigentlich? Anleitung zur Inspiration

»›Wenn eine Frau der Mörder ist,
handelt es sich vermutlich um ein Verbrechen aus Leidenschaft.
Dann kann ich die Sache in zwei Stunden abhaken‹, dachte er.“
(Petros Markaris: *Die Leiche am Brunnen*)

Betrachten wir einmal ein paar Zahlen, **Statistik** ist in unserem Metier enorm wichtig! Der gute Kriminaler kennt seine Zahlen.

Etwa jeder zweite Deutsche glaubt unter bestimmten Umständen einen Mord verüben zu können. Beispielsweise in einer Verteidigungshaltung oder nach einer Erpressung. Und wie oft hört man Sätze wie ›der gehört erschossen‹ oder ›Rübe runter!‹.

Aber wie kriminell sind die Deutschen wirklich? 2017 wurden durch Deutschlands Justiz etwa 5,76 Mio. Straftaten registriert, davon über 36 % Diebstahlfälle, fast 16 % Betrug, 10 % Sachbeschädigung, knapp 10 % Körperverletzung, 1 % Sexualdelikte und 0,1 % »Straftaten gegen das Leben« (dazu gehören Mord, Totschlag, Tötung auf Verlangen, Schwangerschaftsabbruch, Aussetzung und fahrlässige Tötung).

2015 gab es in Deutschland 10 080 Suizidopfer, 4513 davon fanden durch Erhängung statt, etwa ein Viertel waren Frauen. Dabei ist die Zahl der versuchten Suizide etwa zehn Mal höher als die vollendeten. Frauen begehen etwa doppelt so häufig wie Männer Suizidversuche.

In Deutschland gab es 2017 offiziell 405 Mordopfer, davon nur 15 in Zusammenhang mit Raub. Etwa 15 % der Morde wurden von Frauen (hoher Anteil von Kindstötungen) begangen. Knapp über 85 % der Mordopfer waren Erwachsene. Bei mind. 60 % der Fälle handelt es sich um Beziehungstaten, also Taten, die im Anschluss an eine mehr oder weniger enge Beziehung zwischen Opfer und Täter stattfanden. Bei 27,5 % gab es dagegen keine Vorbeziehung. Die offizielle Aufklärungsrate bei Mord lag 2017 bei 95,5 %. (Quelle: Statista)

Daneben gibt es aber auch eine Reihe **nicht aufgenommener Todesfälle** durch Rechtsmediziner. Hier vermutet man, dass es womöglich noch einmal mehrere hundert Mordfälle in Deutschland geben könnte, die unaufgeklärt bleiben. Nur etwa fünf Prozent der Sterbefälle landen hierzulande in der Rechtsmedizin. Eine Obduktion kostet das Krankenhaus ca. 500 Euro, ein Leichentransport 1000 Euro. Da überlegt man sich schon genau, ob es das wert ist.

Na, ist das nicht inspirierend?

Und nicht zuletzt: **Wie kriminell sind Sie überhaupt?** Überlegen Sie einfach einmal in einem einsamen Moment, welchen kleineren Vergehen Sie selbst aus welchen Gründen in Ihren schwachen Momenten manchmal verfallen sind oder für welche Ungerechtigkeiten Sie in Ihrem Leben verantwortlich zeichnen. Ja, wann und warum werden *Sie* eigentlich wütend und rasten aus? Dem Choleriker fällt die Beantwortung dieser Frage wahrscheinlich leichter als dem Phlegmatiker, je nach Temperament eben. Aber wenn Sie die Antwort haben, machen Sie aus sich in Gedanken einen Täter und aus Ihrer Wut Gewalt und legen Sie sich in Ihrer Phantasie keine Zügel an. Was wäre in diesem oder jenem Moment geschehen, hätten Sie nicht die innere Notbremse gezogen?

Stellen Sie sich einmal vor, Sie haben einen **Autounfall** und eine Person stirbt dabei. Schuld sind eindeutig Sie. Sie haben wohl doch ein Bier zu viel getrunken bei Ihren Freunden und um die Uhrzeit nicht mit anderen Autos gerechnet. Wie reagieren Sie? Fahren Sie zur Polizei, um sich selbst anzuzeigen oder nach Hause und flüchten? Oder wie würden Sie sich verhalten, wenn Sie einen Einbrecher zufällig erwischen, wie er gerade Ihr sauer Erspartes einsackt. Sie gehen zur chinesischen Vase auf Ihrem Couchtisch und heben sie hoch. Schlagen Sie zu? Als was, denken Sie, stuft der Staatsanwalt Ihre Tat ein, wenn der Mann stirbt? Notwehr? Totschlag? Was würden Sie mit dem Toten machen?

Sie sehen, wir alle können durch einen **blöden Zufall** in schwierige Situationen geraten. Schauen Sie sich in Ihrem Alltag, bei Ihren Freunden, Verwandten und Bekannten um. Welche Situationen oder Themen bewegen sie emotional am meisten? Warum könnten Menschen morden? Was durchbricht die stärkste moralische Hemmung, die wir besitzen: einem anderen Menschen das Leben zu nehmen? Und wenn es zu dieser extremen Situation gekommen ist, was könnte der Täter mit der Leiche anstellen, um die Tat zu verschleiern? Sie entsorgen?

Wenn wir einmal vom Täter und Opfer weggehen: warum könnte jemand plötzlich zu einem **Amateur-Ermittler** werden? Aus welchem Motiv heraus? Wo könnte derjenige einen Mord beobachtet haben und wie wäre er (emotional) beteiligt? Wie könnte er vorgehen?

Lassen Sie sich diese Art von Fragen einmal durch den Kopf gehen, wenn Sie durch Ihre Nachbarschaft spazieren. Nehmen Sie auch immer Stift und Notizblock oder Smartphone mit! Wenn Ihnen etwas einfällt, notieren Sie es, sprechen Sie ein Memo auf oder machen Sie ein Foto! Lesen Sie nach ein paar Wochen Ihre **Notizen** und wählen Sie die Version aus, die Sie persönlich am meisten bewegt, Ihnen nah geht. Am Ende muss die Idee, die Sie auswählen, etwas in Ihnen auslösen, das Sie bewegt und innere Schwingungen auslöst.

Notieren Sie weiterhin, welche Hauptfiguren und welche Themen, welche Handlung Ihnen einfallen. Werfen Sie einen Blick in die Tageszeitung, Spalte Polizeibericht, oder die aktuellen Berichte der Polizei Ihrer Region auf deren Website. Beinahe täglich werden dort **Verbrechen** aufgelistet, größere wie kleinere. Schauen Sie in Ihre Bibliothek, in Ihren Buchladen, sehen Sie (aktuelle) Filme! Welche aktuellen gesellschaftlichen Themen (zum Beispiel Kunstraub, Internet-Dating, Ausländerhass, Tourismus) und welche Konstellationen sprechen Sie davon an? Sicherlich ist es von Vorteil, wenn Sie bei diesem oder jenem Thema eigene Erfahrungen, Interessen, Prägungen oder Vorbildung miteinbringen können. Das reduziert Ihre Recherche-Stunden in der örtlichen Bibliothek um ein Vielfaches!

Am besten, Sie verwenden gleich noch etwas Inspirationszeit auf die Hauptfiguren. Diese sollten mit der Idee so verwachsen sein, dass man beide nicht trennen kann. Jede Figur funktioniert nur in einer bestimmten Umwelt und einer ihr angemessenen Rolle. Und vergessen Sie nicht, auch der Täter soll für den Leser aus nachvollziehbaren Motiven handeln. Das Delikt muss zu ihm passen.

Je nach Autorentyp und Situation können verschiedene Dinge am Anfang Ihres Schaffensprozesses stehen: die Idee (die Handlung), das Thema (nicht die Them*en*!), eine Szene oder die Figuren. Wenn Sie nicht sicher sind, wenn Sie nicht eines Tages den göttlichen Funken spüren, beginnen Sie einfach mit einer allgemeinen Idee! Warten Sie dann etwas ab. Nicht die erste Idee, die Ihnen einfällt, ist die beste, aber vielleicht die dritte oder vierte. Vielleicht notieren Sie sie und machen eine Liste, was Ihnen am gelungensten erscheint.

Wenn Sie einigermaßen sicher sind, dass es sich dabei nicht um Offensichtliches, Banales oder hundert Mal Gehörtes handelt, sondern um etwas, mit dem Sie erfahrene Leser **überraschen** können, schlagen Sie zu und setzen Sie sich an Ihren Schreibtisch! Wenn Sie sie auf Papier oder im Schreibprogramm auf dem Computer niedergeschrieben haben, können Sie konkret daran arbeiten und Verbesserungen vornehmen.

Und **notieren** Sie sich immer einmal zwischendurch, wie Sie Ihr potenzielles Buch in zwei, drei Sätzen zusammenfassen würden. Verändern sich diese Quintessenzen mit der Zeit? In welche Richtung? Wie finden Sie das? Lässt es sich nicht zusammenfassen, überdenken Sie das Ganze noch einmal! Vielleicht haben Sie sich dann doch einen Strang zu viel eingebaut und sich nicht auf das Wesentliche konzentriert?

Wenn Sie so weit sind, und denken, Sie haben eine gute Idee, schreiben Sie sie auf. Beispielsweise könnte dann auf Ihrem Blatt stehen:

- »Autistischer Ermittler untersucht Journalistenmordfall« – hier gehen Sie eher von dem Ermittler und dem Thema (Journalismus) aus
- »Familiendrama: Tochter tötet Mutter« – hier gehen Sie erst einmal von der Beziehung Opfer –Täter aus
- »Start-up-Unternehmer wird von Konkurrenten erpresst« – hier gehen Sie zunächst von dem Vergehen und dem Thema (Start-ups) aus

Wenn Sie Ihre Idee aufgeschrieben haben, lassen Sie sie eine Nacht **ruhen** und schauen sie sich am nächsten – oder übernächsten – Morgen noch einmal an. Finden Sie sie immer noch gut? Denken Sie darüber nach! Die Idee sollte Sie möglichst oft am Tag beschäftigen.

ÜBUNG

Machen Sie sich erste Notizen. Die müssen noch lange nicht die endgültige Form angenommen haben:

1. Zeitraum der Handlung:
2. Orte der Handlung:
3. Wer ist der Held (Name, Beruf, Alter, besondere Eigenschaften)?
4. Wer ist der Anti-Held (Name, Beruf, Alter, besondere Eigenschaften)?
5. Was sind die Themen?

3.
Plotten *oder* was machen die Figuren jetzt miteinander?

»Der Kriminalroman muss glaubwürdig motiviert sein, in der Ausgangssituation sowohl wie auch in der Aufklärung. Er muss aus plausiblen Handlungen plausibler Menschen unter plausiblen Umständen bestehen [...] Das schließt die meisten Trick-Schlüsse ebenso aus wie jene Geschichten, in denen sich am Ende angeblich ›der Kreis schließt‹, wo in Wirklichkeit aber nur die unwahrscheinlichste Figur zum Täter gemacht wird, und zwar mit einer Gewaltsamkeit, die niemanden überzeugt.«
(Raymond Chandler)

Wir haben jetzt eine begrenzte Zahl an Ideen mit ein paar Themen und womöglich bestimmten Arten von Verbrechen zusammengetragen. Das ist schon eine ganze Menge. Doch wie packen wir das jetzt alles zusammen? Was treibt die Handlung an und was hält den Leser bei der Stange? Das ist die Aufgabe des Plots. Der Plot ist verantwortlich für die Entwicklung der Handlung und das Spannungspotenzial, das ein Text bietet.

In unserem Krimi sollten ein bis zwei Nebenkonflikte und ein **Hauptkonflikt** die Musik angeben. Bei dem Hauptkonflikt geht es immer um etwas Dramatisches und Existenzielles, das spannend zu lesen ist und berührt: um Macht, Geld, verletzte Gefühle oder Liebe und deren Verbindung. Jemand hat gemordet, weil er einen wie auch immer gearteten Vorteil für sich erlangen wollte oder weil er gekränkt und in seinem Selbstwertgefühl verletzt war. Diese Tat steht wahrscheinlich am Ende einer Reihe moralischer Verstöße von verschiedenen Personen. Diese Entwicklung markiert einen scheinbar unausweichlichen Kreislauf der Eskalation. Der Konflikt schaukelt sich langsam hoch und steigert sich. Der Leser sollte die Art des Konflikts nachvollziehen können und ihm nicht unbeteiligt gegenüberstehen.

Ihr Hauptkonflikt setzt das **Thema** des Romans. Das kann ein machtgeprägter Vater-Sohn-Konflikt sein, Eitelkeit und Narzissmus, Vertrauen und Misstrauen oder Recht und Gerechtigkeit. Daneben können auch noch andere eine Rolle spielen, aber übernehmen Sie sich nicht: mehr als drei bis vier Themen brauchen Sie in Ihrem Buch nicht!

.... ***Tipp: Achten Sie darauf, dass Sie nicht zu parteiisch in das Minenfeld Politik einsteigen! Dadurch können Sie schnell einen bedeutenden Anteil Ihrer Leser vergraulen, die in diesem Punkt anderer Meinung sind.*** ....

Bei **Nebenkonflikten** kann es auch um weniger Dramatisches gehen. Hier soll sich der Leser nach dem dramatischen Hauptkonflikt lockern und entspannen. Achten Sie auf diese Dynamik! Der Leser will in einem Krimi immer mal wieder **aufatmen** können. Ein Nebenkonflikt spielt im Hintergrund, nimmt weniger Raum ein und ist nur lose über die Hauptfigur oder eine wichtige Nebenfigur mit dem Hauptkonflikt verbunden. Der Leser kann sich aber ruhig zu Beginn in der Bedeutung der verschiedenen Konflikte irren, das erzeugt Spannung. Ein Nebenkonflikt spielt häufig im Privatleben unseres Protagonisten, während der Hauptkonflikt das Berufliche – die Suche nach dem Täter – umfasst.

Der Hauptkonflikt besteht ganz allgemein darin, dass der Protagonist auf seinem Weg zum Ziel gegen Ende auf einen Antagonisten trifft, der ebenso auf dem Weg zu seinem Ziel ist. Beide **Wege kreuzen sich** und nur der Stärkere und Klügere der beiden wird seinen Weg fortsetzen können. Das jeweilige Ziel ergibt sich aus den individuellen Wünschen und Bedürfnissen. Kriminalität entsteht häufig dadurch, dass eine Person versucht, den eigenen Machtradius auszudehnen, was von den anderen Figuren in ihrer Umgebung jedoch nicht ohne Weiteres akzeptiert wird.

In unserem Buch wird es also passieren, dass der Protagonist eine Einschränkung seiner Handlungsfreiheit erfährt, die er nicht hinnehmen kann, bzw. darauf stößt, dass dies jemand anderem geschieht. Dabei sollte es im Laufe der Auseinandersetzung weder für den Protagonisten noch für den Antagonisten plausible **Alternativen** für ihren Konflikt geben, sei es beispielsweise bei dem Kampf um das Leben der Tochter oder der Suche nach dem Schuldigen des Attentats auf den Präsidenten. Das persönliche Engagement und die innere Identifizierung mit dem jeweiligen Anliegen müssen total sein.

Ein Kriminalroman ist im Übrigen nichts für einen Autor, der sich nicht an **Auseinandersetzungen** wagt, vielleicht Pazifist ist und allen Streitereien mit Verweis auf seine Gemütsruhe aus dem Wege geht. Schwierigkeiten und Probleme der Hauptfigur sind das Salz in der Suppe, Harmonie ist fade.

Wenn Sie mit Problemen, Gewalt und Konflikten sowie ihrer Entstehung nichts anfangen können, versuchen Sie es mit **Cosy Crime**, der unblutigen Variante des Krimis! In jedem Fall sollte es aber um etwas Wichtiges gehen wie um das Leben oder Wohlergehen eines Menschen. Je bedeutungsloser für den Leser das Objekt und die Intensität Ihres Konfliktes sind, desto weniger dramatisch und spannend fällt ein Krimi normalerweise aus. Überlegen Sie also, ob das Schicksal Ihres Meerschweinchens den Leser genauso tangiert wie Sie. Auf der anderen Seite sollten Sie dem Leser aber auch nicht ein bluttriefendes Opfer nach dem anderen präsentieren, ohne dass Sie auf die Figuren und ihre Verbindungen zueinander eingehen.

Die wichtigste Regel für den Plot

Jede Handlung, jeder Handlungsstrang, jede Szene und jeder Satz in Ihrer Geschichte sollte von Bedeutung für die **Haupt- oder Nebenhandlungen** oder die **Figuren** oder die **Atmosphäre** sein. Jede Handlung sollte jeweils eine unverzichtbare Konsequenz nach sich ziehen. Falls das nicht der Fall sein sollte, streichen Sie diesen Teil!

Die wichtigste Regel für den Plot lautet: Nichts geschieht zufällig. Aber natürlich ist nicht nur Handlung von Belang, sondern auch die Figurenzeichnung oder die Schilderung der vorherrschenden Atmosphäre. Hierbei ist es natürlich immer eine Ermessensfrage, wie viel Ausschmückung wir benötigen, um Figuren oder Atmosphäre adäquat darzustellen. Streichen Sie im Zweifel lieber etwas mehr als zu wenig!

Ihre Figuren sollten immer **Motive** haben, warum sie gerade so und nicht anders handeln. Das gilt besonders für die Täterseite: Eine Figur, die so außergewöhnliche Dinge tut wie vergewaltigen, morden, quälen, betrügen usw., sollte dies tun, weil es für sie notwendig ist und auf verquere Weise Sinn ergibt, sich so zu verhalten. Der Leser bemerkt sofort, wenn die Motivation für verbrecherisches Verhalten oder die Aufmerksamkeit des Ermittlers gegenüber einer möglichen kriminellen Spur nicht ausreicht.

Das Schnitzeljagd-Prinzip

Heißt das nun Schnitzeljagd oder Schnipseljagd? Egal! Verfolgen Sie auf jeden Fall das Schnitzeljagd-Prinzip: Schicken Sie Ihren Helden von Fährte zu Fährte! Was fällt ihm auf? Was erscheint ihm außergewöhnlich? Wo könnte er weiteren aufschlussreichen Hinweisen nachgehen? Lassen Sie ihn aktiv sein, schicken Sie ihn von Pontius zu Pilatus! Auch wenn er bei den ersten Stationen enttäuscht ist, weil er meint, nicht vorangekommen zu sein, hat er trotzdem Fortschritte gemacht. Er hat Namen, Orte, Informationen sammeln können, die ihm manchmal weiterhelfen, manchmal nicht. Es kommt auf die richtige Zusammensetzung der Puzzleteile an. Nur kann unser Held – und mit ihm der Leser – natürlich nicht wissen, welche Teile die guten und welche die schlechten sind. Und falsche Spuren gehören nun einmal auch zur Ermittlertätigkeit.

Vermeiden Sie dabei nur, Kaninchen aus dem Hut zu ziehen, indem Sie Ihren Protagonisten plötzlich und unvermittelt auf eine erfolgreiche Spur setzen! Häufig geschieht das, wenn der **Zufall** eine Rolle zu spielen beginnt. Zufall gibt es im Krimi immer, schließlich haben wir nur eine begrenzte Seitenzahl und der Leser nicht ewig Zeit. Nur sollte dieser möglichst nichts davon merken. Der Leser möchte eine Chance haben, mitzuraten, was später einmal passieren könnte. Geschehnisse sollten aus Fakten resultieren, die im Laufe der Handlung genannt wurden, als sie noch keine tiefere Bedeutung zu haben schienen. Raymond Chandler meint zu dieser Herausforderung an den Autor:

> »Der zeitgenössische Leser [...] wird auch sofort argwöhnisch, wenn er das Bemühen des Autors spürt, seinen Blick in eine falsche Fährte zu lenken und von der richtigen abzuziehen. Alles, was nur am Rande erwähnt wird, erregt Verdacht; jede Figur, die nicht ausdrücklich als verdächtig hingestellt wird, *ist* verdächtig, und alles, was den Detektiv veranlasst, an den Enden seines Schnurrbarts zu kauen und ein ernstes Gesicht zu machen, wird vom argwöhnischen Leser ohne weiteres als unwichtig ausgeschieden. Dem Verfasser dieser Zeilen kommt es oft so vor, als bestehe die einzige noch übrige, einigermaßen ehrliche und wirksame Methode, dem Leser ein Schnippchen zu schlagen, darin, dass man seinen Zähnen die falsche Nuss zu knacken gibt (denn irgendeine Nuss wird er mit Sicherheit knacken), dass man ihn ein Geheimnis lösen lässt, das ihn auf einen Seitenweg führt, weil es mit dem Hauptproblem nur lose zusammenhängt. Und selbst das erfordert ein bisschen Betrug hier und da.« (Chandler 81)

Eine Alternative zu diesem klassischen Plotaufbau mit der Enttarnung des Täters am Ende kann man unter anderem in Ruth Rendells »**Why-dunnits**« lesen, wo schon zu Beginn Täter und Tat klar sind. Wozu also das Ganze? Der Leser liest hier weiter, weil er an den Umständen der Tat und des Täters interessiert ist. Diese Variante rückt also stärker den von Anfang an bekannten Täter ins Rampenlicht. Was hat ihn zu der Tat bewogen? Was waren die Umstände? Auf dieser Reise in die Abgründe des Bösen ist es wichtig, dass die Figuren und ihre Motivlage entsprechend ausgereizt werden. Sie stehen hier im Fokus, nicht so sehr der Plot.

An oder aus, on oder off?

Wenn Sie die Aktionen sämtlicher Figuren von Beginn bis Ende entworfen haben, haben Sie zwar den Inhalt Ihres Krimis, aber eine wichtige Aufgabe wartet noch auf Sie. Wenn Sie den Text in dieser Form herunterschreiben, werden die Leser Ihr umfangreiches Werk sehr bald aus der Hand legen. Nein, jetzt geht es noch um die Konzentration der Handlung. Versuchen Sie – diese Aufgabe gehört zu den schwierigeren – die Handlungen der Hauptfiguren und wichtigen Nebenfiguren in Szenen zu **bündeln** (Kapitel 11). Dabei gilt es zu entscheiden, welche Ausschnitte der Gesamthandlung der Leser zu Gesicht bekommt und welche nicht, was »on« und was »off« geht. Sie können dem Leser die Figuren ja nicht täglich rund um die Uhr darstellen. Überlegen Sie also, an welchem Punkt ihres Tages- und Wochenablaufs Ihre Figuren entscheidende Handlungen vollziehen. Mit wem treffen sie wo, wann und warum zusammen? Was davon ist besonders wichtig? Wählen Sie dafür zum einen besondere Orte und zum anderen besonders dramatische und konfliktreiche Handlungsknotenpunkte aus. Irrelevante, alltägliche banale Handlungen schneiden Sie aus den Szenen aus, indem Sie sie nur kurz anreißen und dann einen Schnitt machen.

Wenn Sie finden, dass Ihre Ermittlerperspektive nicht ausreichend die Handlung vermittelt, schaffen Sie eine neue: die Opfer- oder Täterperspektive. **Verweben** Sie anschließend die verschiedenen Handlungsstränge, zum Beispiel Opfer-, Täter-, Zeugen- und Ermittlerperspektive. Zunächst entsteht die Spannung beim Leser dadurch, dass er sich fragt, wie die anfangs voneinander unabhängigen Stränge wohl zusammenhängen mögen. Dann können Sie, wenn es sich nicht mehr vermeiden lässt, eine kleine Gemeinsamkeit, zum Beispiel einen Namen, Ort oder eine identische Figurenbeschreibung, in verschiedenen Strängen auftauchen lassen. Anschließend enthüllen Sie so langsam wie möglich mehr und mehr Zusammenhänge. Am Ende werden die Fäden dann zusammengeführt und aufgelöst. Wichtig ist hierbei, dass alle Stränge und eingeflochtenen Zeitebenen für den Leser auch spannend sind. Nicht dass dieser einen überblättert, um wieder zum

Spannenden zu gelangen! Anschließend schreiben Sie diesen Handlungsablauf in einen **Szenenablauf** um (Kapitel 4). Hier finden nur die Haupt- und wichtigen Nebenfiguren sowie Ort und Zeit Eingang.

Parallel zur Entwicklung der Handlung Ihres Krimis sollten Sie darüber nachdenken, was in der Erzähltheorie nach Lajos Egri die »**Prämisse**« heißt (und häufig als Pitch missverstanden wird): die nackte Erkenntnis aus Ihrem Buch, die Schlussfolgerung, die sich in der Handlung ausdrückt, altmodisch »Moral« genannt. Was bedeutet die Entwicklung Ihres Protagonisten und seiner Mitstreiter? Wohin führt sie ihr heldenhafter Kampf? Welche Einsicht vermitteln dem Helden die vielen Niederlagen, die er durchstehen musste? Dass man seinem Schicksal nicht entkommen kann (Ödipus)? Dass Krieg unberechenbare Folgen zeitigt (Ilias)? Dass jedermann moralischen Maßstäben unterworfen ist (*Schuld und Sühne*)? Dass der Mensch immer stärkeren Mächten weichen muss und nie komplett autonom handelt (*Der Prozess*)? An dieser durch die Handlung Ihres Krimis bewiesenen Behauptung, die meist hinter der Entwicklung des Protagonisten steht, sollten dann auch alle Szenen ausgerichtet sein. Spielen sie wirklich alle eine entscheidende Rolle auf dem Weg des Protagonisten zur neuen Einsicht? Passt eine Szene nicht dazu, bedeutet das womöglich, dass sie überflüssig ist. Fällt Ihnen keine passende Prämisse ein, könnte das daran liegen, dass entweder Ihr Plot oder Ihre Hauptfiguren nicht ganz in sich geschlossen sind.

Wie könnte die Prämisse in unserem Beispiel lauten? Vielleicht, dass eine menschliche Beziehung, in der Abhängigkeit und Machtstreben herrschen, nicht überlebensfähig ist?

Liebe ist wichtig, aber …

Manchmal kommt es vor, dass Autoren eine Mischung aus Kriminal- und Liebesroman schreiben, der sowohl romantische als auch dramatische Bedürfnisse beim Leser befriedigen soll. Das mag funktionieren, aber ich würde das Anfängern nicht empfehlen. Denken Sie an Raymond Chandler: »Die einzig wirkungsvolle Art Liebesgeschichte ist die, bei der dem Detektiv selber Gefahr droht – bei der man aber zugleich instinktiv spürt, dass sie eine bloße Episode ist. Ein wirklich guter Detektiv heiratet nie.« Der Liebesroman hat andere Genrevoraussetzungen und funktioniert nach anderen Regeln. Der Liebeskrimi hat sich auf dem Markt (noch) nicht durchsetzen können. Vielleicht, weil er zwei komplexe Ziele gleichzeitig bedienen will: das Zusammenfinden zweier Menschen und die Aufklärung eines Kriminalfalls.

Liebesgeschichten im Krimi gehören in den Nebenstrang. Im Hauptstrang gibt es gerade Wichtigeres zu tun als den eigenen Gefühlen freien Lauf zu lassen. Hier geht es ums Ganze, um die Existenz.

Dennoch sind Liebe und Zuneigung – zwischen Partnern, aber auch zwischen Eltern und Kindern – wichtig, auch im Krimi. Diese Gefühle können enorm hilfreiche Mittel sein, den Protagonisten und andere wichtige Nebenfiguren dem Leser als positiv zu kennzeichnen. Insbesondere Kinder sind ein entscheidendes Instrument, um das Mitgefühl des Lesers zu gewinnen und um das Handeln der Figuren zu motivieren. So ist die Liebe zu ihren Kindern für Brünhilde Blum in Bernhard Aichners *Totenrausch* der Grund, warum sie selbst durch die Hölle geht und zur Mörderin wird – der Leser aber die ganze Zeit durchweg auf ihrer Seite bleibt.

Brauchen wir Sex? Ja! Sexualität ist ein wichtiger Bestandteil unseres Lebens, also sollte sie auch im Krimi einen Platz haben. Allerdings sollte es nicht explizit und raumgreifend zur Sache gehen. Die meisten Krimileser werden sich mit Andeutungen zufrieden geben, und den Rest der Angelegenheit ihrer Phantasie überlassen, wo bekanntermaßen der meiste Sex stattfindet.

ÜBUNGEN

1. Entwickeln Sie einen Handlungsablauf zu einem alten Fall (*Cold Case*), bei dem der Ermittler sowohl emotional stark beteiligt als auch auf nicht-legale Weise involviert ist.
2. Entwickeln Sie einen Handlungsablauf zu einer Geschichte, in der ein ehemaliges Entführungsopfer heute nach vielen Jahren als Täter in einem anderen Fall verdächtigt wird. Hängen die beiden Fälle zusammen?

3. Entwickeln Sie einen Handlungsablauf zur folgenden Geschichte: Als die Ermittlerin eine offen stehende Wohnung betritt, findet sie nicht nur deren Bewohnerin tot auf dem Boden liegend, sondern auch ein altes Foto von sich selbst.
4. Entwickeln Sie einen Handlungsablauf zur folgenden Geschichte: Unser Protagonist erhält anonym eine Voraussage eines Mordes, der kurz darauf tatsächlich eintritt.

4.
Aufbau *oder* wann tritt die Leiche auf?

»Eine Katastrophe ist immer ein guter Romananfang.«
(Rebecca Gablé)

Jeder, der schon einmal einen Krimi gelesen hat, weiß, dass die Handlung einem ganz bestimmten Muster folgt. Womöglich ist das bei keinem anderen Genre so klar vorgegeben. Schließlich kann die Leiche nicht erst am Ende auftauchen. Demnach ist schon einmal klar: kein Teil Ihres Romans sollte austauschbar sein. Nicht nur wegen der Chronologie der Handlung, sondern auch wegen bestimmter Funktionen, die er jeweils erfüllen muss.

Für diese Struktur teilen wir unseren Roman in Teile und geben jedem eine besondere Aufgabe. In wie viele, darüber gibt es bei den Experten unterschiedliche Meinungen. Aristoteles sprach in seiner Dramatheorie von fünf Akten, einige Drehbuchschreiber sprechen von acht Sequenzen. Wir brechen diese hier einmal auf drei bzw. vier Teile herunter. Das ist etwas übersichtlicher.

Versuchen Sie grundsätzlich in Szenen und Kapiteln zu schreiben! Jedes Kapitel könnte etwa neun Seiten haben, insgesamt circa dreißig Kapitel. Die Kapitel sollten ungefähr gleich lang sein. Für viele Verlage hat der ideale Debüt-Krimi etwa 275 Normseiten(à 1500 Zeichen inklusive Leerzeichen). Bei dieser Größe kann der zentrale Stoff adäquat umgesetzt werden und dem Verlag entstehen keine exorbitanten Druckkosten, mit denen er ins Risiko geht. Besonders Anfänger sollten möglichst nicht mit wesentlich höherer Seitenzahl vorstellig werden.

Prolog: Gehört das zum Krimi oder kann das weg?

Was ist ein Prolog nicht?
Ein Vorwort. Vorworte, in denen Sie die äußeren Umstände der Genese Ihres Buches erläutern, braucht es normalerweise nicht und wenn Sie unbedingt Ihren Eltern einen Gruß ausrichten möchten, können Sie auch auf der letzten Seite noch eine Danksagung hinzufügen.

Was ist ein Prolog?
Der Prolog soll dem Leser einen ersten Ausblick auf eine entscheidende vergangene oder noch kommende Szene geben. Die vergangene Handlung in diesem Vorspann bildet die Voraussetzung für die folgende Romanhandlung. Dazu wird hier schon ein Thema oder ein Leitmotiv genannt, das im Buch relevant sein wird. Der Prolog ist ein Versprechen, das bedeutet: In diesem Buch geht es um etwas, und das wird spannend sein. Hier soll ein entscheidender Angriff auf die Gefühlswelt des Lesers geritten werden, der Mitgefühl, Ekel oder Dramatik auslöst. Prologe sind eher bei Thrillern üblich, bei Krimis weniger.

Pssst, Vorsicht! Der Prolog ist nur ein kleiner Blick durch ein Schlüsselloch in eine Welt, die der Leser noch nicht kennt. Hier darf nicht zu viel verraten werden: Personennamen, Ortsnamen, Zeitpunkt werden häufig unbenannt gelassen. Das Geheimnis, das hier ausgesprochen wird, löst sich erst auf den letzten Seiten des Buches auf.

Wer erzählt im Prolog?
Häufig ist er aus der Täterperspektive verfasst, hin und wieder aus der Opferperspektive (häufig bei einem Entführungsfall), fast nie aus der Perspektive des Ermittlers.

Was erzählt der Erzähler? Häufig schildert er ein Delikt in allen blutigen Details – oder gibt die Ankündigung des Täters, Gewalt zu verüben, wieder. In stärker humoristischen Büchern kann der Prolog auch eine exposéhafte Raffung der Handlung der Vorgeschichte enthalten, in der die wichtigsten handelnden Figuren eingeführt sind, wie zum Beispiel in Martin Suters »Allmen und die verschwundene

Maria«. Das mag für den Leser schwierig zu verstehen sein, aber das gehört zum Spiel.

Wie umfangreich ist ein Prolog?
Der Prolog sollte nicht zu lang sein, es geht hier nur um ein hors d'oeuvre, das Lust auf den Text machen soll, den Leser aber auch herausfordert, weil er unvermittelt in die Handlung geworfen wird. Es gibt hier aber keine konkreten Vorgaben. Ein Prolog reicht von einer Seite bis zum Umfang eines normalen Kapitels, also etwa zehn Seiten.

Was kommt nach dem Prolog?
Idealerweise besteht zwischen dem ersten Kapitel und dem Prolog ein inhaltlicher und sprachlicher Unterschied. Das erste Kapitel sollte in der Handlung nicht direkt anschließen, aber auch nicht mit einer Ermittlungsszene weitergehen, denn dann war der Prolog das erste Kapitel und kein Prolog. Die Aufeinanderfolge ist besonders passend, wenn das folgende erste Kapitel eher ruhig, harmonisch und wenig dynamisch verläuft. Beide Teile sollten in direktem Bezug zur Handlung des Romans stehen und nicht zu lose verknüpft sein, sonst wird das Versprechen an den Leser nicht eingehalten. Die Prolog-Szene sollte sich im restlichen Buch nicht wiederholen.

Brauche ich einen Epilog?
Die Prolog-Szene kann mit der Epilog-Szene wieder aufgenommen werden und einen zeitlichen oder äußeren Rahmen bilden. Im Epilog kann zum Beispiel eine kleinkriminelle Handlung dargestellt werden, die mit dem zentralen Fall nur indirekt zu tun hat oder vielleicht auch ein Zeuge der kriminellen Handlung in seinem Alltagsleben. Vielleicht hat er doch ein kleines, nicht ganz unwichtiges Geheimnis für sich behalten, in das der Leser auf diesen letzten Seiten einbezogen wird und das noch eine Pointe setzt. Ebenso kann im Epilog ein Nachspiel, eine Handlung in der näheren Zukunft, gezeigt werden. Wie der Prolog existiert der Epilog auch solo.

Wenn Sie weder Prolog noch Epilog in Ihrem Roman haben, keine Sorge! Es geht auch sehr gut ohne. Prüfen Sie beim Überarbeiten, ob Sie die Dinger wirklich brauchen!

Die Eröffnung

Wenn Sie Zweifel an der Qualität Ihres Prologs haben, wenn er Ihnen zu abgekupfert, zu klischeehaft vorkommt, streichen Sie ihn! Die Experten sind sich selten, aber in diesem einen Punkt einig: Der Anfang, das erste Kapitel ist das Wichtigste in Ihrem Buch. Er muss einfach gut sein. Warum? Weil die meisten Leser Ihnen genau hier für einen kleinen Moment die Chance geben, ihnen Ihr Werk zu präsentieren. Sie öffnen Ihr Werk in der Bibliothek, in der Buchhandlung oder auch online und beginnen mit dem Einstieg. Ist er gut, wollen sie weiterlesen, ist er schlecht, legen sie das Buch wieder weg. Ein Buch an einer anderen Stelle zu beginnen, ist ja wesentlich schwieriger, weil man die Figuren und Handlung noch nicht kennt. Und zu dieser Art von Lesern zähle ich auch Literaturagenten, Lektoren und Buchhändler, eine nicht ganz unwichtige Gruppe.

Der berühmte erste Satz

Hier habe ich einmal drei erste Sätze aufgelistet, die ich gut finde:

1. »Es war einer dieser Morgen, an denen er die Krawatte dreimal binden musste, bis die Längen stimmten.« (Martin Suter: *Allmen und die Dahlien*)
2. »Wie still. War es hier immer so still gewesen?« (Mechtild Borrmann: *Wer das Schweigen bricht*)
3. »Marie saß auf dem Beifahrersitz ihres Wagens und dachte Dinge, die sie sonst nicht denken würde.« (Monika Geier: *Schwarzwild*)

Alle drei Anfangssätze ziehen den Leser in ihren Bann, weil sie eine außergewöhnliche Situation beschreiben. Sie sind szenisch-sinnlich, nicht allgemein berichtend, so dass im Leser sofort ein Bild aufgeht. Martin Suter benutzt eine eingängige Sentenz für eine leicht krisenhafte Situation, die viele männliche Leser sofort nachvollziehen werden können.

Genauso wie Mechtild Borrmanns Frage nach einer früheren Situation eröffnet sich dadurch sofort ein Raum in die Vergangenheit und somit die Tür zu einer ungewöhnlichen Geschichte. Zudem schließt dieser Anfangssatz thematisch schön an den Titel des Buches an. Anders als bei Martin Suters Satz, der Leichtigkeit und Humor verspricht, spürt der Leser hier eine größere Ernsthaftigkeit und Dramatik.

In Monika Geiers Satz dagegen zeigt sich eine schön formulierte Verbindung von Äußerem und Innerem der Perspektivfigur, indem der Beifahrersitz des eigenen Wagens in Verbindung mit ungedachten Gedanken gerät. Etwas ist nicht wie immer. Die Protagonistin wirkt nicht souverän und ist »nicht Herr im eigenen Haus« (Sigmund Freud). Jede Menge Anzeichen für Konflikte! Gänsehaut!

Sechs Regeln für Ihre perfekten ersten Sätze:

1. Erste Sätze sollten nicht mit Informationen überfrachtet sein, sondern lieber kürzer gehalten: Erwähnen Sie etwas Ungewöhnliches, vielleicht Schockierendes, vielleicht auch ungewöhnlich Banales, das Sie zunächst nicht aufklären. Mit diesem Spannungshaken packen Sie den Leser am Schlafittchen und tragen ihn durch den Roman. Lassen Sie ihn erst so spät wie möglich herunter!
2. Vergessen Sie nie die Szenerie: Verwenden Sie einen ungewöhnlichen, geheimnisvollen Ort! Führen Sie ungewöhnliche Figuren ein, die den Leser neugierig machen, indem sie entweder sympathisch und/oder ungewöhnlich wirken.
3. Vermitteln Sie eine Atmosphäre, die später noch bedeutsam für die Handlung wird oder geben Sie in Reflexionen des Erzählers oder im Dialog auf möglichst natürliche Weise dem Leser Informationen über Ort, Zeit und/oder Figuren an die Hand
4. Streichen Sie testweise den ersten (und letzten) Absatz des Kapitels. Häufig versucht der Autor hier einzuführen, zusammenzufassen, zu erklären oder zu bewerten und bleibt deswegen zu allgemein. Besser? Schlechter?
5. Überlegen Sie: sagt der erste Satz etwas über Atmosphäre, Handlung und/oder die Figur aus und ist ungewöhnlich und gehaltvoll?

Manchmal reicht es auch aus, wenn der zweite Satz etwas beinhaltet, das den Leser aufhorchen lässt. Man sollte es mit dem Bemühen um Originalität auch nicht übertreiben.

6. Hin und wieder packen Autoren eine allgemeine Weisheit an den Anfang ihres Buches (nicht zu verwechseln mit Motto). Sie soll neugierig machen und durch die kommende Handlung bewiesen werden: »Alle glücklichen Familien sind einander ähnlich; aber jede unglückliche Familie ist auf ihre besondere Art unglücklich. Der ganze Haushalt der Familie Oblonski war in Unordnung geraten. Die Hausfrau hatte erfahren, dass ihr Mann mit einer französischen Gouvernante, die sie früher im Haus gehabt hatten, ein Verhältnis unterhielt, und hatte ihm erklärt, sie könne nicht länger mit ihm unter einem Dache wohnen.« (Tolstoi: *Anna Karenina*)

Zwei Regeln, wie Sie nicht beginnen sollten:

1. Unterlassen Sie Szenen des Erwachens! Wie jemand im Bett aufwacht, gehört zu dem Uninteressantesten, was es gibt, und wird nur noch übertroffen von einer Traumszene am Anfang. Traumszenen sind schwer zu durchschauen und relativ einfach für den Autor zu erschaffen, weil er sich an keine Regeln halten muss und frei assoziieren kann. Erwachen und Traum zeigen die Figur in einer nicht-souveränen, passiven und nicht-rationalen Position. Lieber nicht!
2. Vermeiden Sie Ausdrücke wie »wie jeden Tag«, »wie üblich« oder »normal«, die auf die Gewöhnlichkeit einer Handlung hinweisen!

Sechs Variationen des Anfangs

Im ersten Kapitel stimmen Sie den Leser auf das Buch, seine Thematik, seinen Tonfall und seine Erzählweise ein. Konfrontieren Sie ihn mit einem Eingangsbild, das ihn gefangen nimmt und fesselt. Es gibt keine feste Regel, was in das erste Kapitel gehört. Das wäre für die Leser auch zu langweilig. Sie haben die freie Wahl zwischen den folgenden Varianten:

1. *Die fiese, brachiale Mit-der-Tür-ins-Haus-Variante:* Zeigen Sie den Täter, wie er seine Tat vorbereitet, ausführt oder nachbereitet. Es

wird der einzige Moment in Ihrem Buch sein, in dem der Antagonist dies in aller Ruhe und ohne dass unser Protagonist davon weiß, wird tun können. Mit einem solchen Einstieg hat der Leser einen Vorteil gegenüber dem Ermittler und wartet nun darauf, dass der Ermittler diesen Wissensvorsprung aufholt. Dieses Muster wird häufig für Thriller verwendet, häufig im Prolog (s. o.). Dabei können Sie die Identitäten von Täter und Opfer offenlegen oder nicht. Wenn sie die Identität des Täters preisgeben, wandelt sich Ihr Krimi vom Whodunit zum etwas anspruchsvolleren Whydunit, bei dem es verstärkt um die Beweggründe des Täters geht.

2. *Die ahnungsvolle Variante:* Sie müssen im ersten Kapitel nicht unbedingt mit den Hauptfiguren beginnen. Genauso können Sie mit einem Statisten (dem Sie ausnahmsweise einen Namen geben dürfen) starten, der zufällig etwas Merkwürdiges beobachtet – und das vielleicht mit seinem Leben bezahlt. Das zeigt dem Leser zum einen die Gefährlichkeit des Täters und gibt ihm zum anderen eine Ahnung von den außergewöhnlichen Fähigkeiten des Protagonisten, der es mit dem Täter aufzunehmen weiß.
3. *Die harmlose Variante:* Es war einmal ... Zeigen Sie den Protagonisten in privaten, familiären oder beruflich-internen Turbulenzen, also in seinem Routineleben. Bitte setzen Sie hier Routine nicht mit Mangel an Handlung und intensiven Gefühlen gleich. Sorgen Sie also für privates Konfliktmaterial: Peinliches, Verwechslungen, harmlose Unfälle, verrückte Einfälle. Im Vergleich zu dem, was im Verlauf der Handlung noch auf unseren Helden, der hier noch kein »Held« zu sein braucht, zukommen wird, ist das alles harmlos. Nur weiß der Arme das noch nicht. Der Leser sollte den Protagonisten einigermaßen sympathisch finden und ihn als Identifikationsfigur anerkennen. Diese Variante ist auch reizvoll, weil sie zunächst einen Kontrast zu dem bildet, was der Käufer Ihres Buches sich von dem verspricht, was auf dem Cover zu lesen ist: Kriminalroman. Der Leser fiebert mit, ab wann sich die versprochene Gewalt entlädt.
4. *Die berufliche Variante:* Zeigen Sie den Protagonisten kurz bei der Lösung eines brisanten Falles, von dem der Leser nichts kennt. Der

Fall ist damit abgeschlossen und der Protagonist kann sich routiniert dem neuen zuwenden, der im nächsten Protagonisten-Kapitel beginnt.

5. *Die rückblickende Variante:* Beginnen Sie mit einer Szene von kurz vor dem Höhepunkt Ihrer Handlung. Von hier aus schlagen Sie einen langen Rückblick, der den Großteil Ihres Manuskripts ausmacht. Dann steigen Sie wieder in die Rahmenhandlung ein und schreiten zum Höhepunkt.
6. *Die stürmische Variante:* Der Protagonist weiß schon um das Delikt und legt gerade los, sich auf die Suche nach dem Täter zu machen. In dieser Version lernt der Leser zuerst die raue und fachmännische Seite des Ermittlers kennen, was die Identifikation mit ihm erschwert, aber auch Überraschungen bergen kann. Auf der anderen Seite wird so kein Buchstabe verschwendet, was den Fall angeht. Diese Variante wird eher selten verwendet.

Sechzehn Tipps für das erste Kapitel

1. Stellen Sie den Protagonisten im ersten oder spätestens zweiten Kapitel mit Geschlecht, Name, Alter, Beruf vor oder lassen Sie dies den Leser erahnen. Zeigen Sie diesem vorsichtig, mit welchen Figuren er sich von Anfang an (nicht) **identifizieren** kann. Elementare Vorlieben und Eigenheiten der Hauptfigur sollten hier schon bekannt gemacht werden, nicht erst, wenn sie im Handlungsverlauf eine Rolle spielen. Beschreiben Sie den Protagonisten nach und nach auch äußerlich!
2. Führen Sie den Protagonisten am besten **in szenischer Aktion** ein, zum Beispiel im Dialog. Notwendige Hintergründe und Einordnungen liefern Sie anschließend in Form von Rückblenden und Erläuterungen nach.
3. Überlegen Sie sich kurze Handlungsabläufe oder Dialoge, die das Thema des Buches in abgewandelter Form vorwegnehmen oder anreißen. Beispielsweise kann ein von einem Dritten verwechselter Ehepartner den Bruch der Ehe andeuten.
4. Nach Blake Snyders »Save the Cat«-Theorie sollten Sie den Helden zu Beginn der Geschichte etwas Nettes und Selbstloses tun lassen,

wie zum Beispiel eine **Katze** von einem Baum retten. Er muss dabei nicht direkt die Haupthandlung aufnehmen, sondern kann zunächst etwas tun, was ihn im Alltag in einer außergewöhnlichen Situation zeigt. Wie er in einem Konflikt für den Schwächeren eintritt, jemandem in Not hilft oder einfach gute Laune verbreitet, einen Fremden umarmt. Wir können nicht anders als in ihm einen Sympath zu sehen, auch wenn er sich ansonsten eher als schwieriger Kandidat herausstellt. Die Szene soll also seinen guten Kern in rauer Schale veranschaulichen.

5. Alternativ können Sie den Leser bei der Einführung Ihres Helden überraschen, indem Sie im sogenannten ***Shading*** die Hauptfigur negativ einführen, um sie sich anschließend wandeln zu lassen. Dabei kann die leicht negative Handlung oder die unangenehme Umgebung eher äußerlich bedingt sein oder auch einen inneren Widerspruch anzeigen. In jedem Fall muss die Figur so vielfältig angelegt sein, dass sie die anschließende Überraschung des Lesers zulässt, ohne konturlos zu zerfließen.
6. Zeigen Sie schon früh eine menschliche Schwäche des Protagonisten. Das kann eine kleine, nicht so gravierende **Charakterschwäche** sein wie die Angewohnheit immer falsch zu parken oder ein Gläschen über den Durst zu trinken. Das kann aber auch ein Problem in seiner Umgebung sein wie Nachbarn, die gegen seine laute Musik protestieren. Manchmal ist der Protagonist auch aufgrund seiner individuellen Vorgeschichte in einem bestimmten Punkt blockiert. Bei einem speziellen Thema sieht er einfach rot und kann nicht weiter. Vielleicht lässt er auf jeder Party, wo das Stichwort Fußball fällt, sein Sektglas fallen, weil er es als Kind nicht in den örtlichen Fußballverein geschafft hat oder ähnliches. Der Hintergrund hierfür sollte hier oder später auch erläutert werden. Das persönliche Problemchen unseres Protagonisten muss nichts mit der Haupthandlung zu tun haben.
7. Überlegen Sie sich, wie unser Held mit den **gegnerischen Kräften** bekannt gemacht wird. Beobachtet er eine kriminelle Handlung? Wird er oder jemand aus seinem Umkreis angegriffen? Wird er von

jemandem auf den Fall angesetzt? Bemerkt er etwas Ungewöhnliches in seinem Alltag? Verliert er etwas?

8. Verfolgen Sie eine »allgemeine **Verunsicherungsstrategie**« (Burger, 41)! Und zwar gegenüber dem Leser. Verraten Sie nicht gleich am Anfang Wesentliches! Der Leser darf nur nach und nach mit den Gefahren, den langsam wachsenden Signalen einer Bedrohung und des Fremdwerdens bekannt gemacht werden, sonst entsteht keine Spannung. Gehen Sie mit Erklärungen sparsam um, werfen Sie stattdessen mehr Fragen auf!
9. Präsentieren Sie dem Leser eine Figur, die **Mitleid** bei ihm erregt. Ist das womöglich schon das erste Opfer? Mitleid ist wie Spannung ein guter Kleber für Leser und Buch, er hält den Leser bei der Stange. Kein Opfer ohne Mitleid!
10. Führen Sie nicht zu viele Figuren auf einmal ein! Das könnte den Leser **verwirren**.
11. Reden Sie übers **Wetter**! Alle reden ständig übers Wetter, wenn sie sonst kein gemeinsames Thema finden. Wetterklischee können verwendet werden, Atmosphäre ist und bleibt wichtig. Es muss gar nicht so formvollendet sein wie bei E.T.A. Hoffmann: »Der Sturm brauste durch die Lüfte, den heranziehenden Winter verkündigend, und trieb die schwarzen Wolken vor sich her, die zischende, prasselnde Ströme von Regen und Hagel hinabschleuderten.« (E.T.A. Hoffmann: *Der unheimliche Gast*)
12. Üben Sie, wie **Anzeichen** von Bedrohung nach und nach verdichtet werden können, sodass am Ende das Gefahrenbild klar vor den Augen des Lesers steht. Dies darf nicht zu vorhersehbar und nicht harmlos auf den Leser wirken.
13. Überlegen Sie, wie Ihr erster Tatort aussieht und sich für die Besucher anfühlt. Üblicherweise wird in dem ersten oder zweiten Protagonisten-Kapitel die **Leiche gefunden**. Etwas zu häufig in der Krimigeschichte mag die Variante verwendet worden sein, in der sie zu Beginn noch leben darf, um vielleicht noch den Namen des Täters zu nennen, dann aber im Krankenhaus oder auf dem Weg dahin stirbt. Womöglich hat sie dabei auch ein paar kryptische

Wortbrocken fallen lassen, denen der Ermittler nun eine Bedeutung geben muss. Das Mitgefühl des Lesers ist dem Moribunden gewiss.

14. Oft findet der Ermittler im Umfeld der Leiche einen **geheimnisvollen Gegenstand**, der mit dem Fall zusammenhängt. Er wurde dort womöglich absichtlich vom Täter zurückgelassen, um auf sich aufmerksam zu machen, eine Art »Kommunikation« mit dem Toten zu etablieren oder ein Zeichen zu setzen: eine besondere Blume, eine mysteriöse Brosche, eine alte Postkarte etc.
15. Im Detektivkrimi erhält oder sucht sich der Detektiv im ersten Kapitel einen **Auftrag** – im Büro des Detektivs, telefonisch oder manchmal auch auswärts, im Haus des Auftraggebers oder in einer Bar oder Restaurant. Bei letzterem können wichtige Notizen auf Servietten untergebracht werden, die später verloren gehen und wiedergefunden werden.
16. Achten Sie auf Ihre **Kapitelenden**! Der jeweils letzte oder vorletzte Satz sollte pointiert das Kapitel in einem Bild zusammenfassen oder in einem neuen Bild auf das weitere Geschehen verweisen (zum Beispiel Beginn der Begegnung zweier Figuren). Sie machen neugierig und verbinden dieses und das folgende Kapitel in diesem Erzählstrang. Hier geht es also nicht darum, einen relativ banalen äußeren Handlungsablauf zum Ende kommen zu lassen, sondern auch über die äußere Handlung hinauszugreifen.

Das zweite Kapitel

Ein zweiter Erzählstrang wird eröffnet. Häufig werden dem Leser im ersten und zweiten Kapitel jeweils Haupt- und Nebenstrang präsentiert. Der Leser findet sich hier mit anderen Figuren an einem anderen Ort. Der Nebenstrang oder B-Strang wird oft verwendet, um der Dramatik des Hauptstrangs ein leichtes, weniger zentrales Thema entgegenzusetzen. Also geht es hier häufig um humoristische Figuren, Komplikationen im Privatleben oder eine schwierige Liebesbeziehung des Protagonisten. Am Ende des Kapitels geschieht auch hier etwas Ungewöhnliches, das später aufgeklärt wird.

Bleibt man dagegen bei dem Protagonisten aus dem ersten Kapitel, kann hier auch eine Rückblende eingefügt werden, um ihm mehr Tiefenschärfe zu verleihen und sein Handeln zu motivieren. Sie kann ein Kapitel seiner Kindheit oder Jugend oder einen entscheidenden Punkt seiner Biografie wiedergeben, womöglich eine kriminelle Tat, eine Verletzung, eine Prägung, die seine heutige Situation erklärt. Rückblenden sollten allerdings nie so lang sein, dass die Gegenwartshandlung aus dem Blick gerät. Alternativ dazu kann man die vergangene Handlung auch in einen Prolog oder in regelmäßig eingestreute kleinere Szenen packen. Entscheiden Sie sich für eine Rückblende, ist das ansatzlos möglich, aber natürlich auch durch assoziierende Auslöser von plötzlich hervorgerufenen Erinnerungen, klassischerweise zum Beispiel durch den Blick auf ein altes Foto. Ist die Handlung der Rückblende komplex, kann man auch an dieser Stelle einen zweiten Strang beginnen lassen, der in der Vergangenheit spielt und das aktuelle Geschehen erklärt. Beide Stränge laufen ab sofort parallel.

Das dritte Kapitel

Hier wird der erste Erzählstrang wieder aufgenommen oder – in einem komplexeren, umfangreicheren Roman – ein dritter Erzählstrang eröffnet. Spätestens am Ende dieses Kapitels sollten der Protagonist und die wichtigsten Nebenfiguren sowohl des Haupt- als auch des Nebenstrangs eingeführt sein.

Ungefähr hier wird der erste Angriff auf unseren Protagonisten geritten. Ihm kommen in seinem (als Perspektivfigur) ersten oder zweiten Kapitel Zweifel an einer ganz grundlegenden Sache. Er hat auf einmal einen Verdacht, der ihn nicht ruhen lässt. Eine Wendung ist eingetreten, deren Folgen er noch nicht ganz abschätzen kann. Etwas ist anders als sonst und dieses Etwas nagt an ihm. Doch er zögert auch, dem nachzugehen und sich in das ihm angetragene Abenteuer zu werfen. Eigentlich hat er gerade ganz andere Probleme. Spontane Fluchtreflexe überkommen ihn, weil ihn der Fall an einem sensiblen Punkt, seiner Achillesferse, trifft. Unser Held hat die leichte Ahnung, dass es hässlich werden kann. Er muss seine Gewohnheiten, seine

Komfortzone verlassen. Wer will das schon?

Während bisher alles nur unter dem Stichwort Einleitung bzw. Exposition lief, beginnt hier unser Hauptkonflikt. Bislang ging unser Held seinem Alltag nach. An diesem *point of attack* wird das sogenannte **Chaos-Element**, der Auslöser für die Haupthandlung, eingeführt. Good bye, Alltag! Ab jetzt steigen wir mit unserem Helden in einen kolossalen Konflikt ein. Nur weiß er das noch nicht.

Was kann so ein **Auslöser** sein? Das kann alles sein, was im Protagonisten eine bedeutsame Wandlung auslöst. Ein Brief, der sagt, dass die Schwester umgebracht wurde, ein anonymer Anruf, die Erinnerung durch einen Boten an eine traumatische Vergangenheit, die Erkenntnis, dass der Partner kriminelle Handlungen vollzieht, die Plünderung seines Bankkontos, eine Leiche im Vorgarten oder die Entscheidung des Protagonisten, bei einem Banküberfall mitzuwirken.

Womöglich handelt es sich bei dem Auslöser auch um einen ***MacGuffin*** (bekannt gemacht von Alfred Hitchcock)? Das ist ein zentraler, die Handlung antreibender Gegenstand oder Preis. Oft handelt es sich um etwas Exotisches, Unklares oder Geheimnisvolles wie die Falkenstatue in Hammetts *Der Malteser Falke* oder das Kästchen in E.T.A. Hoffmanns »Das Fräulein von Scuderi«. In dem Film »Pulp Fiction« ist dieser Gegenstand eine Aktentasche, die im Laufe der Handlung verschiedene Male ihren Besitzer wechselt. Was in der Tasche ist, erfährt der Zuschauer nie, was natürlich das Spiel mit dem Sehverhalten des Zuschauers auf die Spitze des Absurden treibt. Derlei würde ich Krimi-Anfängern erst einmal nicht empfehlen. Wichtig ist zunächst nur, dass alle Parteien hinter diesem mysteriösen, spannungsgeladenen Gegenstand her sind und ihm ihre jeweils verschiedenen Wünsche zuschreiben.

Wie weiter im ersten Akt?

Nachdem unser Held also mit etwas konfrontiert wird, das ihm gar nicht schmeckt und das ihn komplett aus der Bahn wirft, hadert er. Er muss das Geschehene verarbeiten und reflektieren. Er debattiert mit sich und Freunden, Verwandten und dem Partner, weswegen diese Phase die

Debatten-Phase genannt wird. Wie geht er mit dieser neuen Situation um? Geht es trotzdem weiter wie bisher oder nicht? Der Leser weiß um die quälenden Fragen, die sich unser Held in dieser Phase stellt, und hofft nun, dass der Held sich schleunigst daran macht, den Schuldigen zu suchen und zu verfolgen. Diese Erwartung weiß der kundige Autor spannungsfördernd – erst einmal nicht zu beantworten. Lassen Sie den Leser zappeln! Vieles muss gegen das Engagement unseres Helden in diesem Fall sprechen. Was hat er eigentlich mit der ganzen Sache zu tun? Nichts! Aber … wenn *er* nichts unternimmt, wer dann?

Am Ende des ersten Aktes, etwa im dritten oder vierten Protagonisten-Kapitel, akzeptiert der Protagonist dann schließlich seine neue Rolle, nachdem er zu der Entscheidung von außen gedrängt wurde und sie für sich selbst auch anerkannt hat. Besonders im Thriller bildet dieser Entschluss, den wir in der Drehbuchsprache den **ersten Plot Point** nennen, häufig eine dramatische Art von Notwehr des Protagonisten gegen den aggressiv auftretenden und zunächst triumphierenden Schurken. Dieser Plotpoint bildet die dramatische Wende, die den Protagonisten unerwarteterweise zur ordnenden Hand im Chaos der Handlung macht. Verrückt, oder? Er beschließt sich der Lösung des Problems zu widmen, indem er das Abenteuer annimmt und neue Wege geht. Dieser von außen an ihn herangetragene Auftrag löst in ihm eine erste Veränderung aus. Er übernimmt von nun an eine hohe Verantwortung. Es gibt jetzt kein Zurück mehr und der Protagonist ist wild entschlossen, den Täter zu finden und zu bestrafen. Im folgenden Teil beginnt sein Abenteuer, das ihn in eine neue Welt trägt. Wir haben einen neuen Ermittler in einem neuen Fall.

Im Ermittler- und Detektiv-Krimi geht es nicht so sehr um die Annahme des Falles. Der Protagonist ist ja sowieso beruflich mit Ermittlungen in Kriminaldelikten befasst, darin erfahren und sogar arbeitsrechtlich dazu verpflichtet. Hier geht es eher um die Akzeptanz eines ganz besonderen Details, einer bestimmten Figur, eines Themas und seiner Implikationen. Häufig hat dies einen persönlichen Bezug und der Ermittler muss sich mit einem früheren persönlichen Problem auseinandersetzen.

Deswegen begibt sich der polizeiliche Ermittler häufig schon früher im Text auf die Suche, um am Ende den wahren Täter zu überführen. Der Ermittler erkundet – so denn bekannt – den Tatort und befragt den Rechtsmediziner über dessen Schlüsse aus der Untersuchung der Leiche (Tatzeit) – so denn vorhanden. Der Rechtsmediziner kommt gewöhnlich bei begründetem Verdacht auf einen nicht-natürlichen Tod (Unfall, Suizid, Fremdeinwirkung) zum Tatort und obduziert später im Obduktionssaal. Eine Leichenöffnung dauert dort in der Regel zwei bis drei Stunden. Der Ermittler prüft den Obduktionsbericht, befragt – gemeinsam mit seinen Partnern – das soziale Umfeld des Opfers, Familie, Kollegen und Nachbarn. Vielleicht muss er auch auf die Ergebnisse einer DNA-Analyse warten.

Die DNA-Analyse klärt den charakteristischen und einmaligen »Fingerabdruck« einer Person und ob er einem zuvor bei anderen Straftaten gespeicherten DNA-Profil in der Datenbank entspricht. Allerdings ist es in der Vergangenheit schon häufig zu Fehlurteilen bei derlei Vergleichen gekommen. Berühmt geworden ist beispielsweise der Fall des »Heilbronner Phantoms«, bei dem Ermittler über 40 bundesweit begangene Straftaten unterschiedlichster Art einem einzigen DNA-Profil zuordneten. Ursache dessen waren allerdings nur die Abstrichstäbchen, mit denen Blut, Hautpartikel oder Speichel gesammelt worden war. Sie waren allesamt bei der Herstellung von einer Person verunreinigt worden. Der rechtshistorische Schluss aus diesem und anderer Fehler lautet, dass DNA-Ergebnisse nie außerhalb des Gesamtzusammenhangs der kriminellen Tat zu beurteilen sind.

Unser Hauptteil

Im zweiten Akt (von dreien) können Sie Ihrer Fantasie freien Lauf lassen, was den Weg zum Ziel, die Auflösung des Falles und das Stellen des Täters angeht. Der zweite Akt ist aber auch der schwierigste, weil es hier gilt, den Leser, der die Ausgangslage und die wichtigsten Figuren kennt, über eine längere Distanz am Lesen zu halten.

Unser Held ist bis jetzt mit seinem ersten Lösungsansatz ganz schön auf die Schnauze gefallen. Die Probleme, auf die er bislang gestoßen ist, sind aber noch gar nichts. Der Arme weiß das nur noch nicht. Sie vergrößern sich immer weiter und die Geschwindigkeit zieht langsam an.

Überlegen Sie sich, wie der Weg des Protagonisten hier verläuft. Welchen Spuren folgt er? Welche davon erweisen sich als falsche Fährten, welche als richtige?

Auf dieser Suche geht es für uns vor allem darum, die Spannung aufrecht zu erhalten: Welche Hindernisse liegen auf dem Weg des Protagonisten? Welche von Beginn an genannten oder angedeuteten Leerstellen will der Leser gefüllt sehen, welche Wendungen im Plot überraschen ihn? Patricia Highsmith schreibt hierzu:

> »Die Verbesserung oder Verdichtung des Plots besteht in der Anhäufung von Komplikationen für den Helden und vielleicht auch für seine Gegner. Die Komplikationen sind am wirksamsten, wenn sie als überraschende Ereignisse auftreten. Kann der Autor den Plot verdichten und den Leser überraschen, so ist der Plot in logischer Hinsicht verbessert.« (Highsmith 40)

Der professionelle Ermittler führt jetzt – auch als regelmäßige Zusammenfassung des Geschehenen – Analysegespräche mit Mitermittlern, Zeugen und anderweitig Beteiligten. Manche Dinge werden ihm dabei merkwürdig aufstoßen, er wird Ungereimtheiten finden. Womöglich gab es Konflikte, in die das Opfer eingebunden war, vielleicht hatte es Feinde. Zeugen werden Andeutungen machen, die der Protagonist noch nicht ganz deuten kann. Er wird Anhaltspunkte sammeln, Spuren mal mit mehr, mal mit weniger Erfolg verfolgen und Schlüsse ziehen, die ihn wieder zu neuen Spuren führen. Womöglich lässt er den ein oder anderen Verdächtigen observieren (mit Erlaubnis eines Gerichtes oder bei Gefahr in Verzug durch Staatsanwaltschaft oder Kriminalpolizei).

Der nicht-professionelle Protagonist lernt im zweiten Akt die neue Welt seines zu bestehenden Abenteuers und ihre für ihn neuen Regeln kennen. Aus seiner Routine gefallen, versucht er sich zu orientieren. Er probiert sich aus, greift sogleich zu einer ersten Lösung des Problems ohne allzu großes Risiko, die aber scheitert und ihn weiter in die Handlung hineinzieht. Womöglich hat er eine richtige Spur verfolgt und kam dabei selbst unter Beschuss. Vielleicht wird er nun erpresst oder selbst beschuldigt und muss sich verteidigen oder er merkt, dass das Problem viel größer ist als bisher angenommen.

Der Held verändert sich schleichend, da er immer mehr dazu bereit ist, die neue Herausforderung und die ihm begegnenden Gefahren anzunehmen. Um das Problem zu lösen, muss er aber noch dazulernen, das persönliche Risiko erhöhen und mutiger werden. Er merkt, dass er mit seinen alten Vorgehensweisen nicht vorankommt und muss umdenken und neue Wege gehen. Das kann höherer physischer Einsatz oder auch eine Gesetzesüberschreitung bedeuten. Sein Sieg wird immer wichtiger.

Da, glaubt er, hat er die Lösung! Er hat einen Verdächtigen enttarnt. Alle Hinweise deuten auf diese eine Person als Täter. Doch wiederum scheitert er kurz vor dem Ziel. Ziemlich genau in der Mitte des Textes erliegt unser Held dem schönen Schein einer **falschen Lösung**. Der Leser hofft mit ihm, den Bösewicht endlich packen zu können, wird sich aber auch wundern, dass dieser Sieg so früh im Buch zu feiern ist. Er hat ja noch so viel zu lesen bis zum Ende, womit sollten die Seiten gefüllt sein? Natürlich müssen wir den Leser an dieser Stelle enttäuschen. Unser Held wird jäh zurückgepfiffen. Der Verdächtige ist der Falsche. Der Fall ist nicht aufgelöst. Die Wahrheit ist nicht aufgedeckt.

Unser Held hat sich zu früh gefreut, denn er hat noch nicht alles gegeben, noch nicht alles in die Waagschale geworfen, was er hat. Um als Sieger vom Platz zu gehen, muss der Protagonist offener und kreativer werden, denn er und die Seinen geraten mehr und mehr unter Druck. Er muss sich weiter von bisherigen Anschauungen und Bindungen lösen, woraus er frische Kraft, Erkenntnis und Inspiration schöpft, wie das Problem vielleicht doch noch zu bewältigen ist.

Nach der falschen Lösung steht unser Held erst einmal vor dem Nichts. Zwar hat er einige Spuren verfolgt, aber er weiß nichts mit ihnen anzufangen. Seine erste Hypothese hat sich als falsch herausgestellt. Jetzt muss er eine zweite aufstellen. Nur wie? Dabei ist er wahnsinnig unter Druck. Die Medien, der Chef, die Angehörigen des Opfers verlangen eine Aufklärung. Der Mörder läuft immer noch frei herum und könnte nach weiteren Opfern dürsten. Hier geht es um Menschenleben!

Schließlich, nach langer Durststrecke, ein Erfolg: Dem Helden gelingt es über die empathische Befragung soziale und psychische Eigenheiten des Täters auszumachen. Er kann schon früh, auch mehrfach, andeuten, dass er den Täter entdeckt und den Tathergang durchschaut hat, ohne dass Genaueres für den Leser aufgeschlüsselt wird.

Bis dahin: legen Sie falsche Fährten und führen Sie den Leser in die Irre! Im Englischen hat man dafür den Begriff »red herring«, roter Hering. Der Legende nach war das eine Methode von Flüchtigen, für Spürhunde den eigenen Körpergeruch zu verbergen.

Den Leser sollte die Entlarvung des Täters überraschen. Sicherlich hatte er sich seine Gedanken gemacht, wer der Schurke sein könnte, doch auf den wahren Täter war er nicht gekommen, weil dieser einfach nie als allzu verdächtig präsentiert wurde. Auf der anderen Seite sollte der Täter auch nicht der einzige Unverdächtige im ganzen Buch sein, wie es bei einigen frühen Varianten des Whodunits der Fall ist. Die Autorin Monika Geier empfiehlt an dieser Stelle die »*Gleichwertigkeit aller Verdächtigen*« (Kemmerzell/Laudan 55), d.h. einen gleichen Grad des Verdachtes für alle potenziellen Täter. Raymond Chandler stellt in Bezug auf falsche Fährten und Verdächtige folgende anspruchsvolle Forderung an den Krimiautor:

> »Der Kriminalroman muss dem Leser gegenüber ehrlich sein. [...] Nicht nur dürfen dem Leser wichtige oder überhaupt irgendwelche Hinweise nicht vorenthalten werden; man darf sie auch nicht durch einen falsch gesetzten Akzent verzerren. Unwichtige Fakten dürfen nicht in einer Weise mitgeteilt werden, als käme ihnen eine ganz unheimliche Bedeutung zu. [...] Es gehört zur Grundtechnik des Kriminalromans, ihn so anzulegen, dass der Leser, den notwendigen Scharfsinn vor-

> ausgesetzt, das Buch an einem bestimmten Punkt der Handlung zuklappen und die Lösung in ihren wesentlichen Zügen selber darlegen könnte. […] Seltene Spezialkenntnisse oder ein abnormes Gedächtnis für belanglose Einzelheiten darf man ihm nicht zur Pflicht machen. […] Den entscheidenden Hinweis in einem Sumpf von Geschwätz über alle möglichen Nichtigkeiten untergehen zu lassen, ist ein zulässiger Trick, wenn die Geschichte genügend Spannung entwickelt hat, um den Leser argwöhnisch zu mache.« (Chandler 77)

Ist der Täter enttarnt, geht es darum, ihn zur Rechenschaft zu ziehen. Das ist leider nicht dasselbe. Der Schurke ergibt sich nicht einfach so, im Gegenteil. Am Ende des Mittelteils steht der Besuch des Protagonisten in der »**Höhle des Löwen**« an, der Höhepunkt, auf den alles Bisherige zugelaufen ist. Der Protagonist hat seinen Gegner endlich gestellt. Im vermeintlich letzten großen Kampf enttäuscht er allerdings und erleidet eine Niederlage gegen den Antagonisten. Die im Laufe der Handlung neu entdeckte Welt erweist sich für unseren Helden als übermächtiger Gegner, der ihm zum Gefängnis wird. Noch dazu verliert sein Team an Ausdauer und Zusammenhalt. Die Mitstreiter lassen ihn willentlich oder aus Mangel an Kraft im Stich. Ein Geheimnis des Protagonisten wird enthüllt, jemand enttäuscht oder verrät ihn, ein Partner gerät in Bedrängnis, der Antagonist scheint zu entkommen. Die Situation wird immer dramatischer. Alles scheint verloren. Die bisherigen Errungenschaften stehen auf dem Spiel und der Protagonist hat die Orientierung verloren. Die Niederlage bewirkt eine tiefgreifende Veränderung bei unserem Helden.

An dieser Stelle sollte der **Höhepunkt des Grauens** positioniert sein. Je nach Subgenre und Autorentypus kann Gewalt unterschiedlich ausgereizt und beschrieben werden. Ein Cosy-Crime-Krimi wird vielleicht auf tropfendes Blut verzichten; ein Krimi noir dagegen die Körperflüssigkeit ausgiebig austreten lassen. Grauen und Mitgefühl lassen sich jedoch nicht durch erhöhten Blutverlust erzeugen. Drastische Gewalt muss auch entsprechend vermittelt werden, um die Gefühle des Lesers anzusprechen. Hier lohnt es sich manchmal unkonventionelle Wege zu gehen.

Symbolisch für die Bedrängnis des Protagonisten erleidet er an dieser Stelle einen Verlust. Das kann eine starke körperliche Verletzung sein oder ein enger Begleiter, häufig ein »Mentor« (Snyder 101), der sein Leben verliert. In harmloseren, humorvollen Geschichten muss der Hamster des Protagonisten daran glauben. Die kalte Hand des Todes kommt immer näher. Unser Held ist tief verzweifelt. Von nun an ist er wirklich allein und auf sich gestellt.

Der Schlussteil

Fast alle Krimis enden mit der Aufklärung des Falles, der Festsetzung des Täters, einem entscheidenden Kampf und der Rettung des Opfers. Diese gelungene **Aufklärung** und der moralisch befriedigende Schluss mögen manchen Kritikern nicht gefallen, die Autoren hier mangelnden Realismus vorwerfen. Dennoch gehört diese Besänftigung der moralischen Entrüstung des Lesers zum Genre Krimi wie der Mord und hat sich über die Jahrzehnte erfolgreich so etabliert. Es ist jedem Autor freigestellt, diese Genregrenze zu überschreiten. Dann muss er sich aber womöglich von seinen empörten Lesern anhören, dass er da ja gar keinen Krimi geschrieben habe.

Viele Autoren bevorzugen es, bei der Konzeption den Ausgang schon am Anfang festzuzurren und sich dann im Mittelteil frei flotierend auf jenen hinzubewegen. Das hat den Vorteil, dass man sich das – komplizierte und wichtige – Ende schon zu Beginn überlegt hat und sich dem spielerischen Mittelteil zuwenden kann. Zudem kann man durch die bedachte Konzeption von Anfang und Ende beide aufeinander beziehen und den im Verlauf der Handlung entstandenen **Kontrast** einfangen, der die Entwicklung des Protagonisten beschreibt.

Aber zunächst ist unser Protagonist nach dem scheinbar finalen Kampf niedergeschlagen, verwirrt und orientierungslos. Er trifft eine falsche Wahl. Er muss sich erholen und eine leichte Verzögerung tritt ein. Etwas Aufgeschobenes wird nachgeholt. Dies ist **der zweite Plotpoint**: Die Nebenhandlung verbindet sich mit der Haupthandlung.

Vielleicht hilft ihm sein sozialer Back-up aus der Nebenhandlung beim Kopf-wieder-Aufrichten, vielleicht erhält er wichtige Informationen von einer Nebenfigur. Jedenfalls geschieht, was kein Leser hätte ahnen können: unser Held schöpft neuen Mut. Eine **Wende zum Positiven** scheint einzutreten. Doch was sind Freundschaft und Liebe gegen den Tod?

Dann trifft unser Held noch einmal den Antagonisten, der noch nicht entwischen konnte, auf Augenhöhe. Hier präsentieren Sie dem Leser einen endgültigen, entscheidenden Konflikt, auf dem alles bisher Erreichte Gefahr läuft, durch ein falsches Wort oder eine falsche Tat verloren zu gehen. Das ist der wirkliche Höhepunkt, der **Showdown**. Er darf nicht aus dem »Nichts« kommen, sondern muss von vornherein zu ahnen sein. Überlegen Sie sich für diese Klimax ein originelles Szenario, das sich aus der bisherigen Handlung ableitet.

Die physische Auseinandersetzung kann mit einer neuen Erkenntnis über die Situation des Protagonisten einhergehen. Er steigt wie der Phönix aus der Asche auf, weil er die richtigen Schlüsse aus seiner Niederlage gezogen, gelernt und alles auf eine Karte gesetzt hat. Und ein klein wenig Glück mag auch noch mitgeholfen haben. Aber das müssen wir dem Leser ja nicht auf die Nase binden, oder?

Der Haupttäter sollte vom Protagonisten zur Strecke gebracht werden, niemand anderem. Ansonsten war der Kampf des Protagonisten vergeblich. Alle anderen Mittäter sind zuvor schon aus dem Weg geräumt worden.

Der Erfolg unseres Helden sollte nicht irgendeinem Zufall zu verdanken sein, zumindest nicht nur. Der Schurke sollte auch nicht plötzlich Gewissensbisse bekommen und sich freiwillig der Polizei stellen. Diesen Triumph kann er unserem Helden nicht nehmen.

Dem Täter widerfährt nun Gerechtigkeit. Je nach Anlage Ihres Buchs kann das von Selbstjustiz des Protagonisten bis zur Übergabe an die Justizorgane reichen.

In einem späteren Band einer Reihe wird es auch möglich sein, den besonders raffinierten Hauptschuldigen laufen zu lassen und den Gerechtigkeitssinn des Lesers vielleicht mit dem Festsetzen kleinerer

Gauner zu besänftigen. Der Haupttäter, weil er so clever ist, wird dann im nächsten Band gestellt.

Aber nun geht es erst einmal um die Folgen des Sieges des Protagonisten für ihn und die anderen Figuren. Wie können sie mit der neuen Situation, die die Auflösung herstellt, leben? Auch die Nebenstränge müssen hier aufgelöst werden. Der Erzähler muss falsche Fährten von hilfreichen Spuren zum wahren Täter offenlegen. Für den Leser muss dieser Weg logisch nachvollziehbar und belastbar sein.

> »Die Lösung, einmal enthüllt, muss den Eindruck vermitteln, dass es nur so und nicht anders gewesen sein kann. Mindestens die Hälfte aller veröffentlichten Kriminalromane verstößt gegen dieses Gesetz. Ihre Lösungen sind nicht nur unverbindlich und ohne zwingende Konsequenz, sie sind auch oft ersichtlich nur aufgesetzt, schlicht aus den Fingern gesogen, weil der Autor erkannt hatte, dass sein ursprünglicher Mörder zu leicht erkennbar geworden war.« (Chandler 76)

Leser können an dieser Stelle, wo alles aufgelöst ist, eine **ungeahnte Kritikfähigkeit** entfalten. Sie werden das u. a. an Ihren Online-Rezensionen bemerken. Das gilt auch für Fachkritiker, wie man an Raymond Chandlers Äußerung über Agatha Christies »Und dann gabs keines mehr« sieht: »Da ist ein Richter, ein Jurist, ein Mann mit einem Anflug von Sadismus, zugleich aber ein leidenschaftlicher Verfechter der strengen Gerechtigkeit, und dieser Mann verurteilt eine Gruppe von Leuten zum Tode und ermordet sie, ohne einen anderen Beweis gegen sie zu haben als bloßes Hörensagen. In keinem Fall besaß er auch nur den Fetzen eines wirklichen Beweises dafür, dass einer von ihnen tatsächlich einen Mord begangen hatte.« (Chandler 50)

Häufig erläutert an dieser Stelle der Ermittler seine Lösung des rätselhaften Falls und rekonstruiert die Tat. Dies kann mit der gleichzeitigen Beichte des Täters einhergehen. Insbesondere wenn der Täter keine eigene Erzählperspektive erhalten hat, kann man so dem Leser die Motivation und Beweggründe des Täters präsentieren, über die man sonst nur spekulieren könnte. Aus diesem Grund gibt es das **Geständnis** im Buch viel häufiger als in der Realität. Die Beichte kann auch – bei einem toten Täter – in Papierform erfolgen. Gesteht der Täter seine Taten, sollte dieses Geständnis vom Protagonisten – oder später der Polizei – ausgelöst werden. Achten Sie darauf, dass Sie dem Leser die Motive des Täters so spät wie möglich verraten.

Am Ende sollte der Erzähler auch falsche Auflösungen präsentieren, die dann korrigiert werden. Das nennt sich Plot-Twists. Sobald der Leser glaubt, die Wahrheit über den Fall zu wissen, enttäuschen Sie ihn und präsentieren ihm ein alternatives Ende als wahres. Sie können dem Leser zwei, maximal drei solche Überraschungen unterschieben, mehr sollten es aber nicht sein, sonst verliert der Leser den Glauben an Ihr Buch – und das wäre ein großer Fehler.

Der Held hat die alte Ordnung wiederhergestellt, geht aber wie auch weitere wichtige Nebenfiguren verändert aus dieser Erfahrung hervor. Extreme Gewalt, die unerwartete Entdeckung einer vergangenen Gewalttat oder eine neue Erkenntnis über seine eigene Identität stellen ihn vor eine extreme persönliche Herausforderung. Er muss diese Erfahrung zu einem neuen Bild von sich selbst und seiner Umgebung zusammenfügen. An dieser Stelle kann der Erzähler auf den Anfang des Buches zurückkommen, als der Held sich noch in einer falschen, vorgegaukelten Welt befand. Nun hat er begriffen, dass er die ganze Zeit »gleichsam auf dem Rücken eines Tigers in Träumen hängend« (Nietzsche) geritten war.

Ich würde übrigens grundsätzlich nicht empfehlen, unseren im Laufe der Zeit liebgewonnenen Protagonisten von der Hand des Schurken sterben zu lassen. Sollte der Täter dennoch rundweg böse und extrem gefährlich sein und der Ermittler die Auseinandersetzung nicht überleben, dann wäre es sinnvoll, wenn wenigstens die wichtigste überlebende Nebenfigur eine positive Figur wäre.

Grafisch dargestellt könnte die Entwicklung unserer Handlung etwa so aussehen:

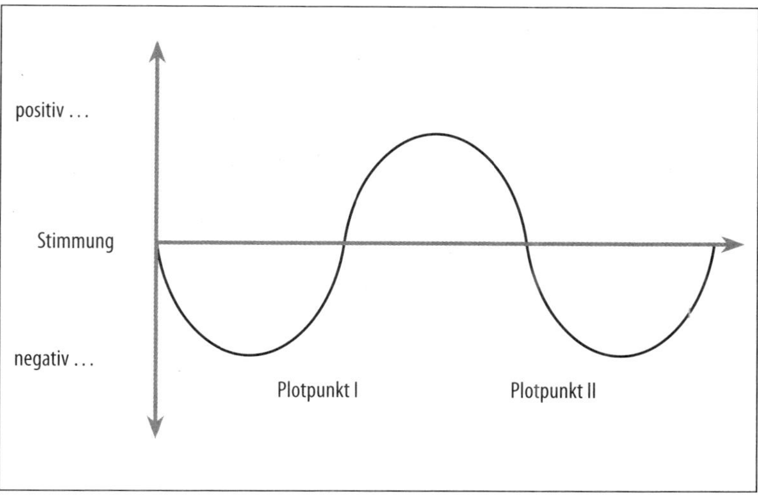

Je nach Beginn starten wir auf jeden Fall mit dem Fund eines Mordopfers oder dem Vermissen einer Person: der erste Tiefpunkt, aus dem wir uns mittels unserer Ermittlung herausarbeiten müssen. Nach etwa einem Drittel erleben wir so den optimistischen ersten Plotpoint, auf den eine tiefe emotionale Berg- und Talfahrt folgt, weil unser Protagonist sich zwar auf einem guten Wege sieht, schlussendlich die Sache aber zu leicht genommen hat und es nicht so schnell Erfolge zu feiern gibt, wie er vermutet hatte.

Schon vorbei? Und wann geht's weiter?

Nachdem der Leser Ihr Buch mit Bedauern zugeschlagen hat, sollte er das Bedürfnis verspüren, mehr Zeit mit dem Protagonisten zu verbringen. Dies kann er im Folgeband tun, falls Ihr Buch als Serie funktioniert. Im zweiten Band kann sich der Protagonist kurz an seinen alten Fall erinnern und Parallelen zum neuen ziehen. Falls Sie einen dritten oder vierten Band planen, können Sie den zweiten Band auch mit einem Cliffhanger enden lassen, zumindest in Bezug auf einen Nebenstrang. Voraussetzung für eine Reihe ist, dass die wichtigsten Protagonisten wieder mit an Bord sind.

Am Anfang war die Tat. Nur welche?

Sind Sie nach wie vor von Ihrer Grundidee aus Kapitel 2 überzeugt? Haben Sie die Figuren, die mit ihr zusammenpassen? Dann fangen Sie an, dem Ganzen mehr »Fleisch« zu geben! Ergänzen Sie Teile, die Sie noch nicht haben: Figuren, Themen, Milieu, Verbrechen etc. Notieren Sie Ihr Ergebnis und spielen Sie das Geschehen mehrere Male in Ihrem Kopf durch. Funktioniert es? Passen alle Komponenten zusammen?

Nehmen wir einmal folgende Idee aus Kapitel 2:

> Der Immobilienmakler Günther Koslowski versucht den Kneipier Jürgen Schmidt aus dessen Immobilie zu vertreiben, um einen Hotelkomplex am See zu bauen. Gerade hat der Prozess begonnen, als Koslowski tot aufgefunden wird. Natürlich mit Verdacht auf Mord. Schmidt gerät ins Visier der Kriminalpolizei und Staatsanwaltschaft. Der Journalist Meinfried Kenzig wird auf den Fall aufmerksam, weil er von seiner Hausverwaltung, die auch zum Firmenimperium Koslowskis gehört, ein Kündigungsschreiben bekommen hat und dagegen vorgehen will. Meinfried recherchiert gerade in einem Korruptionsfall in der örtlichen Verwaltung. Hier wurden Gelder in der Kulturverwaltung vergeben, weil der Mitarbeiter ein Verhältnis mit Kerstin Schmidt, der Ex-Frau von Jürgen Schmidt, hat. Sie ist ledig, betreibt einen Lesekreis, bei dem sie u. a. ihre eigenen Gedichte vorstellt, und möchte demnächst ein Literaturfestival organisieren. Von der Kulturverwaltung erhofft sie sich Förderung. Meinfried findet heraus, dass es auch andere gibt, die von Koslowskis Tod profitieren könnten, zum Beispiel dessen Nachbar Randolf Germershagen, der wegen Nachbarschaftsstreitereien ebenfalls gegen ihn prozessierte, Koslowskis Geliebte, die ihre Affäre womöglich aus Eifersucht so beenden

wollte, oder dessen Ehefrau, die die Geschäfte des kinderlosen Ehemanns erbt. Meinfried kannte Schmidt und glaubt nicht an dessen Schuldhaftigkeit. Er findet heraus, dass Schmidts Tochter Sophia hinter allem steckt, die bei ihrer diktatorischen und materialistischen Mutter Kerstin mit von ihr vermitteltem Hass auf den Vater aufwuchs. Sophia wird von ihr kontrolliert und hat keinerlei Freiheiten. Als Kerstin in der Zeitung von Schmidts und Koslowskis Prozess liest, kommt sie auf die Idee, Koslowski umzubringen und ihrem Ex-Mann die Schuld zuzuschieben. So wären einige Fliegen mit einer Klappe geschlagen: Der unsympathische Immobilienmakler wäre beseitigt, die Immobilie des Vaters, die Sophia erbt, gesichert (und nicht versoffen) und Jürgen Schmidt für einige Jahre weg vom Fenster. Nachdem das so gut geklappt hat, schlägt Sophia noch einmal zu. Gemeinsam mit ihrem Biker-Freund tötet sie nun ihr eigentliches Ziel, ihre Mutter.

Überdenken Sie diese Kurzzusammenfassung gründlich. Funktioniert das alles? Passen die Handlungen zu den Figuren? Ist das alles logisch möglich? Spielt jede Handlung eine wichtige Rolle für die Gesamthandlung oder gibt es Teile, die eigentlich überflüssig sind und gestrichen werden können? Dann weg damit!

Fügen Sie dem Plot eine Nebenhandlung oder sogenannte B-Handlung hinzu! Das kann zum Beispiel eine amüsant-banale Alltagsgeschichte aus dem Leben unseres Helden sein: Ein Kollege, der ein paar Tage bei ihm übernachtet und eine Affäre mit seiner Nachbarin anfängt. Vielleicht beobachtet er etwas, das für die Haupthandlung relevant ist? Oder eine Unternehmung des Protagonisten mit der eigenen Tochter, bei der sie auf Bezüge zur Haupthandlung stoßen… Der Nebenstrang kann der finsteren Mordgeschichte im Hauptstrang in abwechselnder Folge eine Reihe leichterer Aspekte hinzufügen. Möglich ist auch, den Nebenstrang als ausführlichere Rückblende auszuführen. Dann ist die »Nebenhandlung« einfach in die Vergangenheit verlegt. Das könnte dann zum Beispiel die Hintergrundgeschichte der

Täterin sein und ihre schwierige Beziehung zu ihrer Mutter erzählen… Nicht immer muss dieser Nebenstrang in eigene Kapitel gefasst sein. Je nach Umfang kann er auch als einfacher Absatz in verschiedenen Kapiteln auftauchen.

Wenn alles passt, legen Sie als nächstes für sich den Ablauf der Gesamthandlung **chronologisch** fest. Auch wenn Ihnen das kleinlich und unkreativ vorkommen mag. Indem Sie sich von vornherein mit dem Plot auseinandersetzen, stellen Sie sicher, dass Sie auch nach den ersten vierzig Seiten noch wissen, wie es weitergeht. Der Ablauf sollte auch die Handlungen beinhalten, die später keinen Eingang in den Text finden, weil sie zu unspektakulär sind und zusammengefasst werden können. Wer tut wann was wo?

Die Handlung auf einen Blick

Erstellen Sie nun einen Handlungsablauf, der chronologisch alles genauestens auflistet, was in Ihrem Manuskript in der richtigen Reihenfolge geschieht. Das kann durchaus ein längerer Text von mehreren Dutzend Seiten werden.

Betten Sie dabei die Handlung in einen Zeit- und Ortsrahmen ein. Überlegen Sie, ob Sie permanent alle Haupt- und Nebenfiguren beschäftigt haben, oder ob Figuren über einen längeren Zeitraum im Leerlauf sind, d. h. ohne Erklärung für den Leser »arbeitslos« sind, ohne Tätigkeit. Wenn ja, geben Sie Ihnen eine Tätigkeit, die möglichst in Zusammenhang mit dem Fall steht! Der Leser sollte sich später nicht fragen, was denn der Held einen halben Tag beim Friseur macht, wenn das potenzielle Opfer in Bedrängnis gerät. So etwas überprüfen Leser!

Achten Sie darauf, dass der Leser Ihren Figuren und ihren Zeitsprüngen in groben Zügen folgen kann. Geben Sie ihm hin und wieder einen Hinweis zur **zeitlichen Orientierung**! Übertreiben Sie aber nicht und verwenden Sie vor allem nicht zu viele zeitliche Adverbien wie *dann, daraufhin, anschließend, schließlich, nach einer Weile, einen Moment später, nach einigen Sekunden/Minuten* etc. Wenn Sie nichts Anderweitiges schreiben, geht der Leser von allein davon aus, dass das Geschehen stetig nacheinander abläuft.

Betrachten Sie zwischendurch das Geschehen aus der **Perspektive** jeder einzelnen Haupt- und Nebenfigur, mit ihren jeweiligen Zielen und überlegen Sie, ob das Geschehen stimmig ist und ob Sie es durch die unterschiedlichen Intentionen und Antriebe (Geld, Liebe, Geltungssucht, Familie, Freunde, Beruf…) der Figuren noch komplexer gestalten können.

Verfolgen Sie doch einmal, was die Vorgehensweise des Antagonisten ist. Die ist – wenn Sie keine Täterperspektive zeigen – für den Leser verborgen, was Sie aber nicht davon entbindet, darüber nachzudenken, was dessen – selbstverständlich raffinierte – Handlungsweise ist bzw. sein könnte. Binden Sie also auch Handlungen in Ihre Auflistung ein, die der Leser nicht »sieht« und die im Hintergrund vonstattengehen.

Ein chronologischer **Handlungsablauf** könnte so aussehen:

Tag 1 (Zeit)			
Figur	**Ort**	**Uhrzeit**	**Handlung**
Protagonist			
Antagonist			
Wichtige Nebenfigur 1			
Wichtige Nebenfigur 2			
Wichtige Nebenfigur 3			
Wichtige Nebenfigur 4			

So könnte ein **Szenenablauf** aussehen:

Akt	**Abschnitt**	**Seitenzahl**	**Zeichenzahl** (inkl. Leerzeichen)	**Kapitel**	**Szenenbeschreibung** (Perspektivenfigur, weitere Figuren, Ort, Zeit)
Prolog		1 – 5	1-9000		Rückblick: Kindheitsepisode Sophias (Ich-Perspektive), die ihre enorm enge Beziehung zur Mutter zeigt
1	Exposition mit Andeutung des Themas	...	...	1	Fund toter Immobilienmakler in Park: Chef schickt Meinfried aber zum Ermitteln im Korruptionsfall in der Kulturverwaltung
	Nebenhandlung/ Rückblende Thema setzen			2	Meinfried bekommt mal wieder spontan Besuch von seiner Mutter, die für ihn ein »Weib« suchen will. Fantastisch! Vielleicht kann er sie ja stattdessen eine neue Wohnung suchen lassen, denn er hat von seinem Hauseigentümer eine Kündigung erhalten
	Auslöser			3	Kritik an Meinfrieds Interesse für den Mordfall durch Chef Treffen mit Ex-Schulkameraden von der Polizei in Cafeteria: Immobilienproblematik diskutiert und Ermittlungsstand deutet auf Schmidt als Schuldigen hin
	Nebenhandlung			4	Meinfried sucht mit Mutter Jürgen Schmidts Bar auf (Schmidt in U-Haft). Sie will ihn gleich an die Kellnerin verkuppeln. Meinfried hasst das! Anschließend zu Hause kocht Mutter Essen »von früher«: Krautrouladen. Alles wieder im Lot.
	Debatte			5	Meinfried befragt missmutig Mitarbeiter in der Kulturverwaltung und lässt sich Unterlagen kopieren. Meinfrieds Mutter gibt ihm die Handynummer von Schmidts Kellnerin Lea
	Rückblick			6	Rückblick: Sophia als Kind, wie sie mit einer Freundin spielen geht, ihre Mutter aber alle Regeln vorgibt
	Debatte			7	Meinfried beschattet Kulturverwaltungschef, erfolglos. Soll er Lea anrufen? Vielleicht kann sie ihm ja bei der Aufklärung des Mordes helfen? Meinfried untersucht Fundort mit Kumpel von Polizei

Akt	Abschnitt	Seitenzahl	Zeichenzahl (inkl. Leerzeichen)	Kapitel	Szenenbeschreibung (Perspektivenfigur, weitere Figuren, Ort, Zeit)
	Plot-Point I			8	Meinfried verfolgt den Kulturverwaltungschef zum Candle-Light-Dinner mit Kerstin Schmidt. Er besucht Lea in der Kneipe: Sie erzählt ihm von der Kündigung durch Koslowski. Meinfried entschließt sich zum Eingreifen in den Mordfall im Dienste der Wahrheit, auch wenn er noch nichts versteht. Er ist nicht von Schmidts Schuld überzeugt – vielleicht liegt das aber auch nur an Leas Augen.
	Nebenhandlung			9	Die Mutter versucht ihn mit der Nachbarin zu verkuppeln und kündigt eine Neuigkeit an. Meinfried kann sich schon denken, was.
2	Erste Lösungsversuche			10	Meinfried besucht Kerstin Schmidts Leseabend und bittet sie um ein Gespräch – ohne Erfolg. Meinfried recherchiert zum Thema Immobilien und Koslowski und schickt die Mutter zur Pressekonferenz der Polizei.
	Nebenhandlung			11	Die Mutter stellt wieder einmal einen neuen Freund vor: den Nachbarn von Koslowski, Germershagen. Sie hat ihn auf einer Pressekonferenz zum Fall Koslowski kennengelernt. Die Mutter hat auch Lea eingeladen, ohne Meinfried zu fragen: Abendessen mit Germershagen zum Thema Koslowski: Dieser hatte eine Geliebte, genauso wie seine Frau einen Geliebten
	Rückblick			12	Sophia mit Mutter im Strandurlaub
				13	Meinfried trifft sich mit Kollegen, der den Mordfall bearbeitet. Der erzählt, dass Koslowski eine Menge Probleme mit den Banken wegen diverser Kredite, aber auch mehrere Gerichtsverfahren am Hals hatte wegen Mieterklagen.
				14	Meinfried besucht Klassik-Bläserensemble-Konzert, um sich über Kulturförderung und Kontakt zur Kulturverwaltung zu erkundigen. Meinfried schickt seine Mutter zum Mieterverein.

Akt	**Abschnitt**	**Seitenzahl**	**Zeichenzahl** (inkl. Leerzeichen)	**Kapitel**	**Szenenbeschreibung** (Perspektivenfigur, weitere Figuren, Ort, Zeit)
				15	Polizeikontakt: Schmidt wieder frei. Meinfried sucht ihn auf. Meinfrieds Artikel über Korruptionsaffäre erscheint, der regelmäßige Gegenleistungen des Kulturverwaltungschefs beweist. Schulterklopfer vom Chef.
	Falsche Lösung			16	Die Mutter beschattet Koslowskis Geliebte, eine Studentin, an der Uni. Auf dem Nachhauseweg von der Arbeit hat Meinfried mit dem Fahrrad einen Unfall. Oder war das ein Anschlag? Er wird von der Mutter zu Hause gepflegt.
	Auf absteigendem Ast			17	Kerstin Schmidt wird tot aufgefunden. Selbstmord aufgrund Meinfrieds Artikel? Oder steckt Jürgen dahinter? Meinfried wird aufgrund seines Artikels, in dem es auch um die Tote ging, von der Polizei verhört.
				18	Lea besucht Meinfried. Sie macht ihn auf Kerstin und Jürgen Schmidt aufmerksam – hängen die beiden Fälle zusammen?
	Rückblick			19	Sophia in der Schule
	In der Höhle des Löwen			20	Meinfried recherchiert jetzt offiziell mit Kollegen zusammen zum Fall. Die Mutter präsentiert ihm mal wieder zwei Verlobungsringe. Meinfried ist das peinlich. Er recherchiert zu Kerstin Schmidt und schickt Lea, Sophias Schulkameradin, um auf Kerstins Beerdigung mit Sophia zu sprechen. Diese stellt ihr ihren Biker-Freund vor. Der schöpft Verdacht und misshandelt Lea. Lea kann sich irgendwie in die Notaufnahme schleppen.
3	Plotpoint II			20-23	Meinfried zieht die richtigen Schlüsse aus der Abwesenheit Leas; er macht sich auf, um sie zu suchen Die Mutter erzählt vom Mieterverein, der systematische Mieterverdrängung durch Koslowskis Firma beklagt, und besucht Wohnungsanbieter.

Akt	**Abschnitt**	**Seitenzahl**	**Zeichenzahl** (inkl. Leerzeichen)	**Kapitel**	**Szenenbeschreibung** (Perspektivenfigur, weitere Figuren, Ort, Zeit)
	Höhepunkt und Auflösung			24-28	Meinfried stellt Sophia zur Rede. Sie ist aber nicht allein und ihr Biker-Freund greift ihn an. Meinfried kann sich wehren und erzwingt ein Geständnis Sophias. Er informiert seinen Freund bei der Polizei. Die Mutter hat für Meinfried eine neue Wohnung gefunden. Jetzt will sie ihm auch noch beim Umzug helfen. Will sie etwa bei ihm einziehen?
	Happy End?			29-30	Polterabend: Die Verlobungsringe waren für die Mutter und Germershagen, nicht für Meinfried. Lea ist etwas traurig.

ÜBUNGEN

1. Analysieren und kommentieren Sie den Plot eines erfolgreichen aktuellen Krimis! Hält er sich an unsere Vorgaben? Wenn nicht, warum nicht? Wird er dadurch besser oder schlechter?
2. Beschreiben Sie vom Ende der Geschichte her, wie eine wichtige Nebenfigur den Fall erlebt hat!
3. Schreiben Sie eine Auftragssituation für einen Detektiv!
4. Wie lautet Ihre Logline, Ihre werbende Zusammenfassung des Krimis in zwei bis drei Sätzen? Wenn Sie hier keine befriedigende Lösung finden, könnte das auch an Ihrem Plot liegen, der zu zerfasert und uneinheitlich ist. Versuchen Sie dann, die Figurenzahl zu reduzieren!
5. Schreiben Sie eine zweite Eingangsszene!

5.
Wer tritt auf, wer tritt ab? Wie man Figuren entwickelt

»Aus dem Charakter folgt zwangsläufig das Ereignis.
Das Ereignis kennzeichnet den Charakter.«
(Henry James)

Figuren sind ein essenzieller Bestandteil eines Krimis, manche behaupten, sie sind wichtiger als der Plot. Sie berühren den Leser durch ihre **Lebendigkeit** und ihre Eigenheiten und begleiten ihn durch die gesamte Handlung hindurch. Sie bestimmen die Spannung des Buchs, sein Thema und seinen Plot und wirken in der Buchserie darüber hinaus, so dass man gleich die ganze Serie nach den Protagonisten benennt, zum Beispiel Ian Rankins John Rebus-Serie. Man kann also keinen Fehler machen, mit ihrer Konzeption zu beginnen, wenn man sich einen neuen Krimi vornimmt. Sol Stein schreibt in diesem Sinne: »Du sollst keine Figuren in ein vorhandenes Handlungsgerüst einstreuen, denn sonst erntest du Stückwerk. Am Anfang war die Figur und dann das Wort, und die Worte der Figur brachten die Handlung hervor.« (Stein 419).

Je literarischer ein Text ist (zum Beispiel im Spannungsroman), desto wichtiger sind auch die Charakterisierung des Täters und die Motivierung seiner Taten sowie seine Beziehung zu den anderen Figuren. Je plotgetriebener (zum Beispiel im Thriller), desto weniger wichtig. Die Handlung, die im Thriller den Vorrang einnimmt, erlaubt es normalerweise nicht, ausführlich auf das Innere der Figuren einzugehen. Hier gibt es ja meist auch nur kurze Absätze und kurze Kapitel.

Doch es geht nicht nur um die Figuren im Allgemeinen, sondern in besonderen Situationen. Im Krimi begleiten wir unsere Figuren in extremen **Zeiten der Krise**. Erst in Stress- und Konfliktsituationen sowie unter Druck lernen wir sie wirklich kennen. Hier erweisen sie sich als besondere Charaktere. Manche gehen gestählt aus der Situation hervor, andere sind der Herausforderung nicht gewachsen. Der Leser geht an ihrer Seite mitleidend, mitfühlend oder einfach fasziniert durch ein Tal der Tränen und kommt ihnen dabei bestenfalls immer näher.

Wer macht mit? Mitglieder unseres Ensembles

Welche Mitglieder sollten unbedingt in unserem Krimi-Ensemble sein? Nun, wir benötigen immer einen **Protagonisten**, der ermittelt, manchmal samt Team und stets einen (oder mehrere) **Täter**. Aber da ist auch das **Opfer**, das allerdings häufig nur tot in Erscheinung tritt und dessen Leben und Sterben im Rückblick erzählt wird. Häufig bleibt es in seiner Opferrolle nicht allein. Gibt es mehrere Opfer, so kann man die späteren Opfer dem Leser zu Beginn durchaus noch in aller Vitalität präsentieren, um die emotionale Fallhöhe zu vergrößern.

Je nach Subgenre, das Sie bedienen, kann es auch zu **Überschneidungen zwischen Täter und Opfer** kommen, wie in der realistischen Gangsterballade oder im Krimi noir, genauso wie im eher seltenen Bankräuber-Krimi. Die Spannung liegt hier darin, zu erfahren, ob die Täter an ihr Ziel (eine Bank auszurauben) gelangen oder nicht. Wichtig ist dabei, dass die Protagonisten den Leser trotz ihrer kriminellen Aktivitäten an sich binden. Sie sollten also möglichst nicht allzu brutal vorgehen. Häufig gibt es deswegen die Ausgangslage, dass der Held eigentlich aus der Kriminalität ausgestiegen ist, sich also dem Guten zugewandt hat, aber eines außergewöhnlichen Grundes wegen noch einen letzten dreckigen Auftrag annimmt, der dann natürlich schief geht und ihn immer tiefer ins Schlamassel reitet.

In der **Verbrecherbiografie** begegnet der Leser dem Täter mit einer Mischung aus Faszination und Ekel. Es gibt natürlich auch immer Ermittler, die krumme Dinger drehen, um die Täter zu fassen. Das kann bis hin zu Morden gehen. In Bernhard Aichners Brünhilde Blum-Thriller-Trilogie wird die Protagonistin zum Morden erpresst. Sie kann nicht anders, eine moralische Dilemmasituation. Meistens ist das moralische Empfinden der Leser trotzdem auf der Seite der kriminellen Ermittler, weil diese bei all ihren zerstörerischen Taten zumindest das Gute wollen, anders als die wahren Täter.

Zusätzlich zu Protagonist, Antagonist und Opfer benötigen wir etwa acht namentlich genannte **Nebenfiguren**, die aus dem privaten Umfeld des Ermittlers, aus dem Ermittlerteams, Zeugen, Informanten (Verwandte und Bekannte des Opfers) und etwa drei oder vier Verdächtigen sowie deren Umfeld bestehen können. Von diesen acht Nebenfiguren sind etwa die Hälfte **wichtige Nebenfiguren**. Im oben genannten Beispiel ist der Protagonist Meinfried und die wichtigen Nebenfiguren seine Mutter, Sophia, Lea und Kerstin. Meinfried und seine Mutter bilden das Ermittlerteam, Lea das sogenannte *Love-interest* und Sophia und Kerstin die Täterinnen.

Weil Nebenfiguren innerhalb unseres Textes weniger Raum einnehmen als Hauptfiguren, brauchen sie Anker, die sie im Gedächtnis des Lesers belassen, zum Beispiel Namen, äußere Auffälligkeiten, Sprecheigenheiten, Kleidungsvorlieben oder exzentrische Verhaltensweisen. Diese Besonderheiten sollten aber in eine gut überlegte Charakteranlage eingebettet sein und den Figuren nicht einfach äußerlich übergestülpt werden.

Zu unserer Personage kommen schließlich noch namenlose **Statisten**, die den Ermittler in der Cafeteria des Kommissariats bedienen oder bei der Fahrt zum Tatort im Weg stehen. Sie tauchen normalerweise nur einmal auf und bleiben im Gedächtnis des Lesers nicht allzu lange verankert. Auch sie dürfen gern originell gezeichnet sein.

Methoden zur Konzeption der Figurenkonstellation

Beispielmethode Steckbrief

Um eine Figur zu entwickeln, kann man die Methode Steckbrief anwenden. Hierbei notiert man für jede Haupt- und Nebenfigur essentielle Eigenschaften. Die Methode hat den Vorteil, dass man später niemanden verwechselt und dass man ein das Bild einer Figur vervollständigen kann.

Figurenbestandteil	**Erläuterung/Beispiel**
Name	*Meinfried Kenzig*
Spitzname	Achtung: Verwendung von Name und Spitzname kontextgemäß vereinheitlichen!
Alter, Geburtsdatum	*32* Geburtsdatum wahrscheinlich nur bei thematisierter Geburtstagsfeier relevant
Statur	*Durchschnittlich groß, schlaksig, dunkle Haare, braune Augen Zentimeter- und Kiloanga*ben werden selten genannt
Familienstand	*Ledig*
Verwandte	*Mutter*
Freunde	*Lea, Schulkamerad bei der Polizei*
Nachbarn	*Nicht relevant*
Beruf, Arbeitgeber, Einkommen	*Journalist, 2800 Euro brutto*
Wohnort (Wohnung, Haus, Stadt, Lage, Umgebung etc.)	*Wohnung, vierte Etage, zentral*
Alltägliche Fortbewegungsmittel	*Fahrrad*
Äußere Merkmale, an denen der Leser die Figur wiedererkennt	▪ mimische, gestische, sprachliche Eigenheiten ▪ körperliche Besonderheiten (Trinkernase, Narbe, Tattoo...) ▪ Krankheitsfolgen ▪ übliche Kleidung (Mantel, Mütze, Hut, Ring, Brille ...) ▪ Lieblingsding, das die Figur mit sich herumträgt oder zu Hause hat und das sie charakterisiert
Innere Merkmale	▪ Hobbys, Rituale ▪ Ängste/Traumata ▪ besondere Fähigkeiten ▪ Politische Ausrichtung ▪ Vorlieben: Essen, Ausgehen, Versteigerungen
Handlungsantrieb (häufig in der weiteren Vergangenheit)	zum Beispiel Einsamkeit oder Demütigung als Kind, Trennung der Eltern, frühe Selbständigkeit, Kindheit in Armut, anderweitiger prägender Einfluss der Eltern
Ziel	zum Beispiel starkes Gerechtigkeitsgefühl, Aufwertung des Selbstwertgefühls, Rache, Liebe, Eifersucht, Neid, Habgier, Jobverlustängste, Statusverlustängste
Temperament/Emotionalität	zum Beispiel Extrovertiertheit, Zielstrebigkeit, Launenhaftigkeit
Selbstwahrnehmung	zum Beispiel Helfer, Opferrolle, Macher, Abhängigkeit, Selbststilisierung, Verdrängung
Moralische Positionierung	zum Beispiel Aufrichtigkeit, Heuchler, Indifferenz, Loyalität, Verantwortungsbewusstsein
Ideologische Orientierung	zum Beispiel Religiöser Glaube, Sozialdarwinismus, Sozialismus, Freiheit
Kognitive Fähigkeiten	zum Beispiel Kreativität, Intelligenz, Phantasie, Naivität
Soziale Bindung	zum Beispiel Einzelgänger, Gruppenmensch mit starker Verankerung im Viertel, starke Bindung an Eltern, enge Beziehung zu Partner

Arbeiten Sie hier **pointiert**. Fokussieren Sie sich auf Wichtiges. Sie können Felder des Steckbriefs auch während des Schreibens fortlaufend ergänzen. Es kommt nicht auf **Vollständigkeit** an. Der Chef mit der Hakennase und dem stechenden Blick muss nicht auch noch abstehende Ohren haben. Gleichfalls müssen später nicht alle Angaben aus dem Steckbrief in Ihrem Manuskript verwendet werden. So sollten nicht zu viele besondere äußere Merkmale einer Figur genannt werden, ein bis zwei sollten ausreichen. Sie können dem Leser im Textverlauf nach und nach gereicht werden.

Ich rate Ihnen sich bei der Konzeption von Figuren nicht auf Adjektive zu verlassen. Konzipieren Sie also nicht: »Sophia ist ordentlich, freiheitsliebend und verantwortungsvoll.« Im Krimi geht es nicht um abstrakte Eigenschaften und Eigenheiten! Wir schreiben den Figuren kein Zeugnis! Setzen Sie stattdessen auf Ihr Vorstellungsvermögen, auf Ihre Erfahrungen, auf Ihre Menschenkenntnis. Orientieren Sie sich an Menschen in Ihrem Umfeld. Wie würden Sie die beschreiben? Was sticht an ihnen heraus? Was macht sie markant? Wie verhalten, benehmen und bewegen sie sich?

Figuren sollten konkret in ihren Wahrnehmungen und Handlungsweisen gezeigt, nicht verallgemeinernd zusammengefasst werden. »Sie war mittelalt und blond« wirkt zu beliebig. Versuchen Sie es stattdessen mit sinnlichen Vermutungen oder assoziativen Vergleichen wie »Mit dieser Figur hätte sie auch Primaballerina sein können«, »Als er ihr zum ersten Mal begegnet war, hatte er hinterher einen bitteren Geschmack im Mund gehabt« oder »Während er seinen Kaugummi kaute, starrte er sie an wie eine Eule auf Raubzug«. Betten Sie diese Beschreibungen in Handlungen und Dialoge ein, damit der Handlungsfluss nicht unterbrochen wird.

Lebenslauf-Methode

Eine zusätzliche Methode sich eine Figur zu erdenken, ist, sich ihren **Lebenslauf** zu vervollständigen. Woher kommt sie? Wer sind/waren ihre Eltern? Wie wurde sie erzogen? Wo ist sie zur Schule gegangen? War sie in ihrer Karriere erfolgreich? Welche Praktika hat sie gemacht?

Welche Arbeitszeugnisse hat sie bekommen? Warum hat sie damals den Job gewechselt? Dabei gehen Sie stärker auf die Vergangenheit der Figur ein, wodurch mehr Tiefe in der Darstellung entsteht. Die Figur handelt in der Gegenwart immer auch so, wie sie handelt, weil sie in der Vergangenheit bestimmte Erfahrungen gemacht hat. Ohne diese historische Tiefenschärfe kommt keine gute Figurenzeichnung aus. Die Biografie Ihrer wichtigsten Figuren sollte im Text nach und nach zur Sprache kommen. Und zwar nicht mit widersprüchlichen Fakten! Sie merken, hier geht es um gute Menschenkenntnis und das Wissen um typische oder mögliche Biografieverläufe.

Wenn Sie die Funktionen und/oder Namen von Haupt- und Nebenfiguren erdacht haben (Kapitel 4), können Sie sie alle gemeinsam in einem **Diagramm** darstellen, um ihre Beziehungen zueinander besser bestimmen zu können. So können Sie auch besser erinnern, wer mit wem in welcher Beziehung steht und wer wen zunächst nicht kennen kann, sondern erst vorgestellt werden muss.

Wie müssen Ihre Figuren sein?

Ihre Figuren agieren nicht einfach aus ihren Eigenschaften heraus, weil Sie ihnen die so verordnet haben, sondern reagieren mit ihren Eigenschaften auf äußere Einflüsse. Ihr Handeln ist die Summe ihrer vielfältigen **Erfahrungen**. Das heißt auch, dass es nicht nur einen Grund für ihr Handeln geben kann, sondern mehrere.

Die Figuren sollten nicht bewertet, sondern nur gezeigt werden. Der Erzähler sollte also nicht schreiben: »Sophia war klug, sympathisch und immer zur richtigen Zeit an der richtigen Stelle« oder »Sophia war dumm, abartig und gemein«. Der Erzähler hat nicht die Aufgabe zu bewerten. Es ist am Leser, diese Wertung auf der Basis der Handlungen der Figuren zu übernehmen.

Wenn Sie nicht recht wissen, wie Sie mit der Beschreibung einer Figur beginnen sollen, orientieren Sie sich doch zunächst an Menschen in Ihrer Umgebung. Fahren Sie einmal in eine andere Stadt oder Stadtteil und beobachten sie: Wer verhält sich in welcher Situation wie? Wie bewegt er sich? Wie spricht er? Was sagt er? Wie zieht er sich an? Inwiefern unterscheidet sich sein Verhalten von dem der anderen? Konzentrieren Sie sich dabei auf einige wenige **Details**.

Ihre Figuren müssen realistisch, also soziologisch **stimmig** sein, aber auch dramatisch und originell. Das ist die entscheidende Gratwanderung bei der Figurencharakterisierung. Schauen Sie sich in Ihrer Umgebung um: Gibt es bei Ihnen einen 55-jährigen katholischen Single, der als Grafik-Designer auf dem Land lebt und jede Woche eine 20-jährige Maschinenbau-Studentin in der Disko abschleppt? Wenn nicht, passen Sie Ihre Figur entweder an oder begründen Sie ihr Verhalten sehr gut! Die Figuren sollten in einem bestimmten Milieu zu Hause sein, das ihrem Geschlecht, Bildungsgrad, Beruf, Ethnie und ihrer Einkommenssituation entspricht. Der Leser sollte ihr Verhalten dementsprechend nachvollziehen können, weil er bestimmte Erfahrungen auch schon gemacht hat. Die Situation der Figuren sollte realistisch, nicht idealisiert sein. Kleine Gegensätze zwischen der Umgebung einer Figur und ihrem Verhalten sind aber durchaus empfehlenswert, um sie interessant und ungewöhnlich zu zeichnen.

Tipp: Niemand sagt immer nur die Wahrheit. Ihre Figuren auch nicht. Lassen Sie sie also lügen und betrügen, weil es ihnen Vorteile verschafft, weil sie schwach sind. Sie sind auch nur Menschen. Führen Sie Ihre Leser damit in die Irre und decken Sie diese Lügen so spät wie möglich auf!

Im Übrigen ist für Leser das Eintauchen in ungewöhnliche, unbekannte Milieus oder Berufsgruppen von großem Interesse. Überlegen Sie doch einmal, was alles dazu gehören könnte: illegale Flüchtlinge, Schönheitswettkämpfer, Sinti und Roma, Gerichtsvollzieher, Tiefseetaucher, Vertriebenenverbände etc. Wer würde nicht wenigstens kurz einen Blick in deren Leben werfen wollen? Diese soziologische Neugier der Leser können Sie meist durch klassische Recherche befriedigen. Vielleicht haben Sie aber ja auch privat oder beruflich mit so einem Milieu oder Berufszweig zu tun?

Figuren sollten sich im Gesamtensemble äußerlich wie innerlich voneinander unterscheiden. Wenn alle gut aussehen, Milchbauern oder hochbegabt sind oder sich für Basketball interessieren, ist das langweilig für den Leser. Je mehr äußere wie innere Gegensätze in der Figurenkonstellation (zum Beispiel beim Ermittlerduo oder den Zeugen) vorherrschen, desto besser. **Kontraste** sorgen für Konflikte, den Treibstoff in Ihrem Buch.

Zwei Arten von Protagonisten

Es gibt zwei Arten von Protagonisten: **professionelle**, die im Auftrag ihres Amtes und mit der Autorität ihres Berufsrangs ermitteln (Kriminalpolizist, Privatdetektiv) und **amateurhafte**, die zufällig oder aus Leidenschaft ermitteln und in ihrem Beruf etwas Ähnliches (Journalist, Psychologe, Rechtsanwalt) oder komplett anderes (Buchhändler) tun.

Der **Beruf** Ihres Protagonisten hängt stark von der Anlage und dem Setting Ihres Buches ab. Je mehr wir uns vom Berufspolizisten entfernen, desto mehr Freiheit in Bezug auf die Gestaltung des Protagonisten als auch auf dessen Ermittlungsmethoden haben wir.

Auf dem aktuellen Buchmarkt sind attraktive Ermittler-Berufsbilder weit gestreut. Je ferner vom Berufsermittler, desto besser, denken viele Lektoren. So findet man in kürzlichen Publikationen ermittelnde Versicherungsdetektive (Joseph Hansen), forensische Anthropologinnen (Kathy Reichs), Zeitungsreporterinnen (Val McDermid), Tatortreinigerinnen (Elisabeth Herrmann) oder der Polizeiseelsorger (Peter Gallert, Jörg Reiter). Der jeweilige Beruf des Ermittlers muss sich in seinen Bemühungen, den Fall zu lösen, widerspiegeln. Ein Journalist, der »natürliche Feind des Kriminalisten«(Ralph Gerstenberg), bemüht vielleicht eher die Archive als die Waffen, ein Privatdetektiv vielleicht eher illegale Überwachungsmethoden als ein Polizist, der wiederum sicherlich eine gute Kampfausbildung genossen hat: »Wenn der Detektiv ausgebildeter Polizeibeamter ist, muss er auch wie ein solcher handeln und die geistigen und körperlichen Fähigkeiten haben, die der Job bedingt. Ist er Privatdetektiv oder Amateur, so muss er zumindest genug von der Routinearbeit der Polizei wissen, um nicht gerade einen Narren aus sich zu machen.« (Chandler 72f.)

Alle nicht-polizeilichen Ermittler stehen in **Konkurrenz zur Polizeiarbeit**. Dabei muss sich der nicht-polizeiliche Protagonist in seiner Methodik von der der Polizei abheben. Vielleicht hat er keine Ausbildung als Polizist erlebt und geht mit seinem eigenen Wissen und Können an die Sache heran. Amateur-Protagonisten (inklusive Detektive) ermitteln häufig parallel zur Polizei und zeichnen sich hierbei durch ihre Eigenheit und Cleverness aus, wodurch sie den Staatsorganen immer um eine Nasenlänge voraus sind. Vielleicht ist es auch eine sehr kommunikative, sozial gut verankerte Ermittlerfigur, die viele persönliche Kontakte mobilisieren kann. Oft haben die ermittelnden Figuren privilegierte Kontakte zur örtlichen Polizei, sei es durch die Ex-Frau oder einen alten Schulkameraden, die ihnen aktuelle Ermittlungsergebnisse und Lösungsansätze aus der Kommission flüstern können.

Als günstig für die Ermittlungen eines Nicht-Profis erweist sich manchmal, wenn er gerade viel **Zeit** hat. Der Spontan-Ermittler kann sich gerade im Urlaub befinden, oder zu Besuch bei seiner Tochter oder frisch pensioniert sein oder nicht besonders von seiner Arbeit ausgelastet. Dann ist er motiviert, sich in die Untersuchung des Falles zu stürzen und hat dafür auch die Möglichkeiten.

Besonders Amateur-Ermittler, aber auch die knallharten Profis verändern sich durch ihre Arbeit emotional: Sie **wachsen** mit der Verantwortung und dem Risiko, die sie mit der Ermittlung und dem Kampf gegen den Täter und für den oder die Opfer übernehmen und eingehen, was wiederum neue Erkenntnisse in ihnen auslöst. Eine innere Entwicklung des Protagonisten ist in jedem Fall notwendig, es sei denn, Sie haben, etwa in einem klassischen Ermittlerkrimi, einen Serienhelden angelegt: der braucht sich bloß in Bezug auf kleinere Dinge zu entwickeln, zum Beispiel in der Beziehung zur Partnerin oder dem neuen Chef. Vielleicht feiert er ja auch neue Erfolge in seiner Hobbytätigkeit.

Noch ein Wort zu **Privatdetektiven**: Den Deutschen wird häufig vorgeworfen, sie hätten aus mangelndem zivilen Selbstbewusstsein heraus einen Drang zu staatlicher Ermittlungsarbeit, weswegen es so wenige nicht-polizeiliche Ermittler in der deutschen Kriminalfiktion gäbe. Da mag etwas dran sein, aber man muss sich auch vor Augen halten, unter welch anderen Umständen die großen historischen Privatdetektivfiguren wie Philipp Marlowe oder Sam Spade geboren wurden: zu Zeiten, als das Justizsystem der USA, das Land der Freiheit und der Selbstbehauptung, von Gangs und der Mafia zerrüttet wurde. Ihnen vermochte der staatliche, chronisch unterversorgte Polizeiapparat nichts entgegenzuhalten außer der Korruption, der Verschmelzung von Kriminalität und Beamtentum. Da wurde der Privatdetektiv zum realistischen Helden, der wenigstens in der Fiktion für den leidenden »kleinen Mann« die Fahne der Gerechtigkeit schwingen konnte.

Unser Protagonist – ein Held?

In Henning Mankells *Die fünfte Frau* ist der Ermittler im Klappentext folgendermaßen charakterisiert:

> »Wallander, Kriminalkommissar bei der Mordkommission im südschwedischen Ystad, ist ein wohltuend normaler Mann. Er schläft zu wenig und isst zu viel Fastfood, er ist geschieden, hat Probleme mit seinem Vater, eine erwachsene Tochter und eine Freundin in Riga, er denkt mit Wehmut an die Zeit, in der man die Strümpfe noch stopfte, anstatt sie wegzuwerfen, und er ist zutiefst beunruhigt über die zunehmende Gewalt in seinem Distrikt.«

Wallander wird uns hier als einer von uns präsentiert. Er ist kein realitätsferner Überflieger, sondern hat die gleichen Probleme wie wir und bewegt sich in den gleichen Niederungen des Alltags. Er ist von einem durchaus üblichen sozialen Netz umgeben, das ihm nicht immer pure Freude bereitet. Nicht alles in seinem Leben war erfolgreich. Seine Ehe zum Beispiel nicht. Auch ist er, wenn es ums Essen geht, nicht stark genug. Er ist ein bisschen altmodisch, nostalgisch und mag gewisse Neuerungen nicht. Aber von diesen Banalitäten abgesehen treibt ihn etwas wirklich Wichtiges um: sein Sinn für Ungerechtigkeit. Damit haben wir eigentlich eine gute Blaupause für unseren Helden, wenn wir ihn realistisch zeichnen wollen. Denn ein Held ist unser Protagonist, wenn er sein Leben für die Gerechtigkeit einsetzt.

Über Ihre Hauptfiguren können Sie eigentlich nicht zu viel nachdenken, sie sind das Wichtigste an Ihrem Buch. Stellen Sie sich auch das kleinste Detail in ihrem Leben vor! Seien Sie Ihre Hauptfiguren, agieren Sie als diese, leben Sie sie – zumindest für einen Nachmittag!

Schaut man sich den Buchmarkt an, sind die Protagonisten in Krimis häufig **Ende zwanzig, Anfang dreißig**, weil Autoren und Leser mit diesem Alter relative Reife, gewisse fachliche Kompetenz, Neugier, Beweglichkeit bei gleichzeitiger Entwicklungsfähigkeit verknüpfen. Falls Sie nicht in diesem Alter sind, aber darüber schreiben möchten, müssen Sie sich natürlich informieren, was die jungen Leute heute so tun und lassen. Wahrscheinlich nicht genau das Gleiche wie Sie, als Sie dreißig waren.

Oft besitzt der Protagonist aber Geschlecht und Alter des Autors. Wahrscheinlich ist das schlichtweg das Einfachste und Naheliegendste. Mögen Sie auch über viel Vorstellungskraft verfügen, Sie wissen natürlich am besten, wie es sich anfühlt, Sie in Ihrer Generation zu sein. Die Bestsellerautorin Val McDermid schreibt in diesem Sinne: »Ich schätze, die meisten Krimiautorinnen mit erfolgreichen Serienfiguren werden mir zustimmen, dass ihre Figuren sich in eine von zwei Hauptkategorien einteilen lassen: das Alter Ego oder die imaginäre Freundin.« (Kemmerzell/Laudan 37f.).

Haben Sie einen wesentlich **älteren Ermittler**, müsste dieser die altersbedingten körperlichen Defizite anderweitig ausgleichen, zum Beispiel durch Witz, fachliche Finesse oder besondere soziale oder berufliche Kontakte. Wahrscheinlich sollten Sie ihm dann einen jüngeren Adlatus zur Seite stellen, der die Physis auf seiner Seite weiß. Fakt ist ja, dass in unserer immer älter werdenden Gesellschaft auch ältere Figuren an Interesse gewinnen. Mit sechzig ist man heute in der Regel noch körperlich und geistig fit.

Der Protagonist sollte **einer der besten und kompetentesten** seines Fachs sein, zumindest auf seinem Spezialgebiet. Hin und wieder erfährt der Leser von dieser außergewöhnlichen Fähigkeit auch durch andere Figuren (»Guter Mann. Bekam seinen Part sicher wieder in den Griff.«, Elsberg 22). Dabei muss er nicht permanent Erfolge verweisen können. Zuweilen mögen seine Ausgangsbedingungen dafür zu schlecht sein. Aber er muss zumindest immer alles geben, um erfolgreich zu sein. Kein Leser will von einem komplett unfähigen und unwilligen Protagonisten lesen. Das funktioniert höchstens als Satire.

Unsere Hauptfigur sollte **aktiv** sein und **klar** ihre Meinungen und Haltungen äußern. Jodie Archer und Matthew L. Jockers schreiben dazu im Hinblick auf erfolgreiche Bücher und die typischen sprachlichen Ausdrucksweisen bestimmter Protagonisten:

»Unabhängig davon, ob eine Figur männlich oder weiblich ist, haben Bestseller-Protagonisten ihre *Bedürfnisse* und bringen sie zum Ausdruck. Diese Protagonisten *wollen* etwas, und wir erfahren auch, was das ist. *Need* (*brauchen/müssen*) und *want* (*wollen*) sind die beiden Verben, mit denen sich am besten zwischen Bestsellern und Ladenhütern unterscheiden lässt: Figuren in weniger erfolgreichen Büchern werden deutlich weniger häufig mit Bezug auf ihr Brauchen und Wollen beschrieben. Bestseller-Romane dagegen sind eine Welt, in der die Figuren ihre Handlungsfähigkeit kennen, kontrollieren und zeigen. Ihre Verben sind klar und selbstsicher. Bestseller-Figuren *greifen* und *tun* mehr, sie *denken* und *fragen, schauen* und *halten*. Sie *lieben* mehr. Diese Figuren haben ein gewisses Selbstbewusstsein und Wissen über sich selbst. Sie sind ihr eigener Herr, auch wenn sie sich selbst nicht unbedingt mögen. Sie leben ihr Leben und sorgen dafür, dass etwas passiert. Bestseller-Figuren, ob männlich oder weiblich, *erzählen, mögen, sehen, hören, lächeln* und *erreichen*. Sie haben Energie. Sie sind Menschen, die *ziehen* und *drücken*, die *anfangen, arbeiten, wissen* und am Ende *ankommen*. Figuren, die es auf die Bestsellerliste der *New York Times* schaffen, verfügen normalerweise über Orientierung, Kompetenzen und Sicherheit. Keines der für sie typischen Verben kommt in Romanen, die nicht auf der Liste zu finden sind, ähnlich häufig vor.

Vergleichen wir eine Figur, die selbstsicher agiert, mit einer anderen, die wenig von dem oben Geschilderten tut. Unser Modell würde dann zeigen, dass diese zweite Figur von *brauchen, wollen, tun, erzählen* oder *ankommen* nicht viel wissen will. Leser finden sie deutlich weniger attraktiv und sie neigt stärker zu *innehalten* und *fallenlassen*. Leser scheinen nicht viel Zeit übrig zu haben, wenn diese fiktionale Figur *fordert, scheint, wartet* und *unterbricht*. Leser wollen, dass jemand *ist*, nicht dass er *scheint*. Sie wollen, dass er *tut*, statt zu *warten*. Sie wollen mehr Selbstvertrauen und Würde als bei der Figur, die *fordert* und *unterbricht*. Weniger erfolgreiche Charaktere, männliche wie weibliche, *schreien, werfen, taumeln* und *drängeln* zu viel – das ist anstrengend! Sie neigen dazu, zu *murmeln*, zu *protestieren* und zu *zögern*. Die Leser rollen mit den Augen – solche Worte passen zu einem unselbstständigen Kind, nicht zu einer wichtigen Romanfigur. Das englische Sprichwort »Wer zögert, verliert« gilt auch für Romane. Zögern sorgt nicht dafür, dass die Seiten sich wie von selbst umblättern. Wenn Sie eine Figur sind, die Handlungsfähigkeit zeigen soll, dann aber zu häufig *innehalten, fallenlassen* oder *zögern*, kommen nur uninteressante Inhalte dabei heraus.« (S. 126)

Hauptfiguren müssen ungewöhnlich handeln, nicht brav und nett, sondern von etwas (an)getrieben. Sie sollten das Gegenteil von *durchschnittlich* sein – sowohl im Privaten wie auch im Beruflichen.

Geben Sie ihren wichtigen Figuren eine *ruling passion*, einen **Leitgedanken**. Der treibt sie an, bestimmt ihr Handeln, lässt sie aktiv sein und löst in ihnen eine innere Spannung aus. Diese Triebfeder ist meist in ihrer Vergangenheit angelegt. Unterscheiden Sie aber dabei zwischen der zunächst oberflächlichen Suche Ihrer Figuren nach einem bestimmten Ziel vor ihren Augen und ihrem eigentlichen, tiefergehenden Bedürfnis, das sie erst nach und nach kennen lernen. Dieser Erkenntnisprozess ist der Kern der Entwicklung der Figuren hin zu sich selbst. Die Romanhandlung dient ihrer Selbstfindung und umgekehrt. Bei Serienfiguren ist dieser Prozess langsamer und längerfristig angelegt. Val McDermid schreibt über die Entwicklung von Serienheldinnen: »Es ist völlig egal, in welcher Reihenfolge man die Miss

Marple-Romane liest: Jane Marple selbst ändert sich nur minimal, wenn überhaupt. [...] Ich glaube, eine Schriftstellerin kommt mit solchen Figuren heute nicht mehr durch.« (Kemmerzell/Laudan 39f.)

Protagonisten sehen entweder **gut oder sympathisch** aus. Darüber hinaus besitzen sie hin und wieder eine körperliche Besonderheit, die sie von anderen abhebt. Professionelle Protagonisten leiden selten finanzielle Nöte, weil sie entweder keine Zeit haben, ihr Geld auszugeben, geerbt haben oder keinen großen Wert auf Luxus legen. Sie benutzen ihre Wohnung nur zum Schlafen, haben einen leeren Kühlschrank und eine ungenutzte Küche. Hin und wieder übernachten sie in anonymen Hotels oder sogar im Auto.

Die **private Seite** der Ermittler – symbolisiert durch ihre Wohnung – hat in den frühen Krimis nicht so eine große Rolle gespielt wie heute, weil sie als Logik- und Empathie-Genies der gemeinen Welt enthoben waren. Wohl aufgrund ihrer in den Dienst der Allgemeinheit gestellten Genialität wurde ihnen die Notwendigkeit eines Privatlebens nicht auferlegt.

Spätestens seit Patricia Highsmiths **Zwei-Ideen-Theorie** ist das aber anders. Demnach sollte die Hauptfigur in zwei unterschiedliche Konflikte eingebunden sein, zum Beispiel den beruflichen und einen privaten. Durch die Fokussierung auf die private Seite des Ermittlers wird dieser für den Leser lebendiger und greifbarer. Die Jagd auf den Täter gerät durch die Einbringung der persönlichen Perspektive des Ermittlers emotionaler, weil der Leser nicht nur die gerechte Strafe für den Täter erhofft, sondern auch Satisfaktion für den Ermittelnden.

Recht einfach gelingt die Zeichnung der privaten Seite des Protagonisten beispielsweise, indem der Autor ihm eine heitere, für den Plot zunächst unbedeutende Passion zuschreibt. Das kann ein abseitiges Gebiet sein, wo er es weit gebracht hat. So züchtete Agatha Christies Poirot etwa Kürbisse. Der sportliche Protagonist kann hier bouldern und joggen, der feinsinnige malen, der coole Jazz-Musik machen. Rock'n'Roll zeigt den rauen, klassische Musik den sanften Ermittler oder einfach auch ihre momentane Stimmung. Der Moderne kocht koreanisch oder macht Bikram-Yoga.

Über sein Hobby hinaus kann unser Held in allerlei privaten Turbulenzen stecken: neue seltsame Nachbarn, die Hochzeit der Schwester, Urlaubsstress, Probleme mit dem Partner, mit einer Freundin etc.

Häufig werden Freunde, Bekannte, Verwandte oder Partner des Protagonisten in den Kriminalfall als Opfer miteinbezogen. Dies zeigt, wie sehr unser Held damit rechnen muss, komplett in den Fall hineingezogen zu werden – und alle, die ihn umgeben, mit ihm. Auch dies macht den Fall persönlicher und dramatischer. Für den Protagonisten geht es spätestens dadurch nicht mehr nur noch um irgendeine Aufgabe, die Teil seines Jobs ist, nicht einmal nur um sein eigenes Leben, sondern um einen für ihn persönlich wichtigen Menschen, der existenziell bedroht ist und für den er sich in die Bresche werfen muss.

Der Verlust einer befreundeten Person kann auch eine erste Warnung für den Protagonisten sein, ein erstes **Opfer** in seinem Kampf gegen das Böse, das zu erbringen ist und das die Bedeutung dieser Auseinandersetzung anzeigt. Als nächstes kann es schon unser Held sein, der um sein Leben kämpfen muss. Am effektivsten ist sicherlich die tatsächliche oder nur angedrohte Geiselnahme eines Kindes unseres Helden. Mehr Bedeutung für seinen Kampf kann man ihm eigentlich nicht geben, denn welcher einigermaßen intakte Mensch wäre bereit sein Kind für irgendetwas zu opfern?

Die Hauptfiguren sollten modern sein oder sich bewusst davon absetzen. Die Leser wollen in Ihrem Buch **Neues** erfahren, also zeigen Sie Ihnen gesellschaftliche oder technische Phänomene, die es noch nicht so lange gibt: ältere Frauen, die mit jüngeren Männer zusammen sind, Karriere machen, mit 50 noch Kinder bekommen, die Smartphones lieben oder hassen, Carsharing betreiben, Roboter für sich arbeiten lassen etc.; Männer, die zu Hause sind, auf Kinder aufpassen und vegan kochen … Hier ist auch die solide Kenntnis aktueller Lebensstile gefragt: In welchem Alter heiraten junge Menschen heute in der Stadt? Wann bekommen sie Kinder? Welche spannenden Berufsbilder gibt es momentan? Was sind die neuesten Lifestyle-Trends?

Hauptfiguren sind sympathisch, kompetent, meistens gerecht, ausdauernd und mutig, haben aber auch wenige leicht negative Facetten,

Macken, Ticks und **kleine Abhängigkeiten** wie zum Beispiel Rauchen, Alkoholmissbrauch (die Art des Alkohols definiert den Charakter: Whiskey (japanischer!) oder Cognac für den bürgerlichen Genießer, Wein für den Lebemenschen, Bier für den Mann des Volkes), gelegentlicher Marihuanakonsum, Behäbigkeit, Esslust oder Kaffeeabhängigkeit (wichtig: mit oder ohne Milch und Zucker?). Vielleicht haben sie auch permanente Probleme mit der Technik auf Arbeit, verachten per se Chefs und haben häufig Probleme in der Ehe? Derlei nur allzu menschliche Makel würden sie auf jeden Fall realistischer zeichnen. Die Opferfigur in Katharina Peters' *Toteneis* hat zum Beispiel folgende zwanghafte Angewohnheit:

> »Margot sah zu, wie sie die Flasche öffnete und einschenkte. Die Frau hatte kräftige Hände. Sportlerin? Volleyball? Margot schüttelte den Kopf über sich selbst. Sie konnte es sich partout nicht abgewöhnen, selbst wenn sie freihatte, körperliche Besonderheiten an ihren Mitmenschen festzustellen oder zu hinterfragen. Einmal Krankenschwester, immer Krankenschwester.« (S. 6)

Während der Antagonist egoistisch, narzisstisch und sadistisch handelt und keine anderen als egoistische, materielle und hedonistische Werte hat, ist der Protagonist ein **Altruist**, er kämpft für andere und für humanistische Ideale wie Gerechtigkeit und Gleichbehandlung. Freilich kann Ihr Protagonist über die Jahre fahrig, faul und zynisch geworden sein. Der Kampf gegen Ungerechtigkeit liegt ihm dennoch in den Genen, da kommt er nicht heraus. Oder wie es Raymond Chandler mit seinem wohl bekanntesten Satz sagt: »Aber durch diese schäbigen Straßen muss ein Mann gehen, der selbst nicht schäbig ist, der eine reine Weste hat und keine Angst. Der Detektiv in dieser Art Story muss so ein Mann sein. Er ist der Held; er ist schlechthin alles. Er muss ein ganzer Mann sein und ein gewöhnlicher Mann – und zugleich doch ein ungewöhnlicher auch. Er muss, um einen ziemlich abgedroschenen Ausdruck zu gebrauchen, ein Mann von Ehre sein –

aus Instinkt, aus innerster Notwendigkeit, ohne Gedanken daran, und gewiss ohne Worte darüber. Er muss der beste Mensch auf der Welt sein und ein Mensch, der gut genug ist für jede Welt.« (Chandler 341)

Durchaus typisch ist es auch, wenn unser Held in seinem Kampf selbst Grenzen der Legalität überschreitet. Manchmal muss man das Gesetz brechen, um Gesetzesbrecher zu fassen. Häufig bringt dieses **Robin-Hood-Prinzip** Sympathien von Leserseite ein. Freilich muss unser Held dann mit Gefahr von institutioneller Seite rechnen. Der Ärger mit dem Polizeichef oder der Polizei ist vorprogrammiert und die Karriere steht auf dem Spiel. Der Krimi-Held vertritt das ursprüngliche und von jedweden Schranken der Jurisdiktion oder Verwaltung unbehelligte **moralische Gewissen** des Lesers. Lassen Sie Ihre Leser sehen, um welche Ungerechtigkeit es sich handelt und diese werden sich voll und ganz auf die Seite Ihres Helden schlagen, sich mit ihm identifizieren und den Ausgang seines Kampfes gegen das Böse nicht abwarten können.

Protagonisten agieren zumeist mutig, auch wenn sie Angst haben oder ihre Ausgangslage miserabel scheint. Ihre Entscheidung, einen schwierigeren Weg einzuschlagen, ist immer ein Ergebnis von **inneren Konflikten**, die dem Leser dargelegt werden sollten.

Bis auf *Cosy-Crime*-Stoffe können zu viel Mitleid, Fürsorge und Liebenswürdigkeit bei unserem Protagonisten schnell unrealistisch und übertrieben positiv wirken. Diese Eigenschaften können ihn zudem davon abhalten, der Lösung des Falles aktiv nachzugehen. Unser Protagonist ist zwar nett zu seinen Mitmenschen, muss aber auch **rau** sein können, wenn er es mit den ganz Rauen aufnehmen will: »Detektiv-Helden können gern brutal und sexuell ganz skrupellos sein, sie können Frauen mit Füßen treten und sind doch als Helden beliebt, weil sie nach etwas auf der Jagd sind, das vermutlich noch übler ist als sie selber.« (Highsmith 56)

Der Protagonist, der kein Anti-Held ist, sollte bei allen Ecken und Kanten zur **Identifikation** einladen, sympathisch und interessant sein. Das bedeutet auch, dass er sich nett und höflich im Alltag bewegt und nur die fiese Karte spielt, wenn er sich oder eine andere Figur verteidigen muss. Damit der Protagonist dem Leser sympathisch bleibt, wird er normalerweise nie, aber wirklich nie bestimmte moralische Grenzen überschreiten wie vergewaltigen oder morden, es sei denn, er wird dazu gezwungen und weitere Menschenleben stehen dabei auf dem Spiel.

Der Protagonist sollte immer wieder seine **Gefühle und Gedanken** zeigen und das äußere Geschehen in regelmäßigen Abständen reflektieren, einordnen und emotional im Erzählerbericht begleiten. Welche Schlüsse zieht er aus seinen neuen Erfahrungen? Damit zieht man den Leser in die Geschichte hinein, weil dieser sich mit ihm identifizieren kann. Eine Ausnahme hiervon wäre nur, wenn man dem Leser eine bestimmte Emotion oder Gedanken verheimlichen will, um (zum Beispiel aus einer Ich-Perspektive) Spannung aufzubauen. Das könnte man beispielsweise durch einen harten Schnitt nach einer Szene bewerkstelligen.

Beim bekannten Zitat von E.M. Forster zur Definition einer Geschichte sehen wir, was der Erzählerbericht bewirken kann: »Der König stirbt. Und die Königin stirbt. Das sind Fakten. Der König stirbt. Und die Königin stirbt aus Trauer. Das ist eine Story.« Diese Story entsteht erst durch das Gefühl der Trauer als Hintergrund des Todes der Königin. Ansonsten hätten wir einfach nur eine Auflistung der Handlungen, die der Leser emotional unbeteiligt herunterlesen könnte – aber warum sollte er das tun?

Die Menge an Gefühlen, die Ihre Figuren äußern, hängt auch wieder vom Subgenre ab. In Noir-Krimis kann es vorkommen, dass tatsächlich kaum Emotionen verlautbar werden (zum Beispiel bei Dashiel Hammett), in Cosy-Krimis dafür umso mehr.

Der Protagonist und der Antagonist

Der Ermittler kann **Parallelen** zum Täter aufweisen, um den Fall für ihn persönlicher und damit für den Leser emotionaler zu gestalten. Diese Verbindungslinien können biografisch, psychisch, geografisch oder in der Handlung verlaufen. Durch die Nähe von Ermittler und Täter entsteht Spannung. Beide gewinnen dadurch an Lebendigkeit und Tiefenschärfe.

Denn auch wenn man es auf den ersten Blick nicht glauben will, die beiden haben Gemeinsamkeiten. Protagonisten sind wie der Täter häufig psychisch versehrt und traumatisiert. Manchmal sind sie von Drogen oder Tabletten abhängig oder besitzen eine spezielle Störung, wie die Angststörung des Protagonisten in Sebastian Fitzeks »Passagier 23«. Womöglich stammt die Verwundung des Protagonisten sogar vom Täter selbst, vor vielen Jahren beigebracht, eventuell auch gegenüber der Familie des Protagonisten wie bei *Harry Potter*. Nun, Jahre später, erfährt unser Protagonist beim Kampf gegen den Antagonisten von der Herkunft der Wunde, also eines Teils seiner Identität. Während der Protagonist diese Wunde (Übersetzung vom griechischen *Trauma*) für den Kampf gegen das Böse instrumentalisiert, verwendet der Antagonist seine Verletzung in zerstörerischer Weise.

Neben dieser psychischen Störung hat der Protagonist vielleicht auch noch eine oder zwei **Achillesfersen**, die ihn in den Augen des Lesers menschlicher, in den Augen des Täters verletzlich machen: eine durch den Täter gefährdete Frau, Kinder oder sogar eine körperliche Behinderung.

Protagonisten sind häufig elternlos. Wie beispielsweise *James Bond* haben sie ihre Eltern durch einen Unfall, eine Krankheit oder einen Mord in frühen Jahren verloren, was sie womöglich traumatisiert hat. Dieser Verlust macht die Protagonisten aber zugleich auch selbständig, weil er ihnen früh schon die Verantwortung für ihr eigenes Handeln aufbürdet. Sie haben womöglich auch keinen Partner und sind **frei** zu tun, was ihnen beliebt. Sie können sich in den gefährlichen Kampf gegen den Antagonisten stürzen und müssen sich nicht nach einschränkenden und bevormundenden Regeln richten. Die Arbeit an ihrem Trauma kann auch als zusätzliche Motivation herhalten. Sie müssen sich einfach dringend damit auseinandersetzen und an der traumatischen Erfahrung abarbeiten.

Der professionelle Ermittler sollte »seine Pappenheimer«, mögliche Verdächtige und ihre kriminellen Umtriebe und Motive gut kennen. Er ist ein **Sozialexperte**, ein Fachmann im Soziotop der kriminellen Elemente. Er hat eine ganze Reihe Bekannter (nicht Freunde!), die er jeweils bei Bedarf kontaktieren kann, die ihm helfen und denen er hin und wieder einmal im Gegenzug einen kleinen Gefallen tut. Dieser soziale Zug hängt auch mit seiner Empathie zusammen. Einige Autoren sagen, ein Serientäter könne kein guter Ermittler sein, weil ihm die Gabe zum Mitfühlen abgehe. James Carols ermittelnder Profiler *Jefferson Winter* ist deswegen nur der Sohn eines berüchtigten amerikanischen Serienmörders. Auf diese Weise besitzt er eine – imaginäre – genetische Verbindung zum Kriminellen und damit ganz besondere empathische Gaben, etwas, was ansonsten nur wenige Ermittler von sich behaupten können.

Ermittler waren früher ingeniöse und unantastbare Helden wie Sherlock Holmes, die einen Watson brauchten, um dem Leser nähergebracht, quasi ins Allgemeinverständliche übersetzt zu werden. Heute sind sie als Person näher am Leser. Im realistischen Krimi sind sie häufig blasse, selbst verstrickte oder heruntergekommene Antihelden mit eigentlich wichtigeren privaten und gesundheitlichen Problemen (Wallander, Hjelm), die sie noch weniger lösen können als die ihnen auferlegten Kriminalfälle. Sie sind **Einzelgänger**, Individualisten, die nicht viel mit Teamarbeit anfangen können und sich nur ungern äußeren Zwängen beugen. Manchmal sind Kriminalpolizisten in ihre aktuelle Position versetzt worden, weil sie im vorherigen Job Probleme mit den Kollegen oder Vorgesetzten hatten. Damals haben sie durch eine eigenwillige Aktion den Erfolg des ganzen Teams riskiert oder sich selbst durch ihre Unnachgiebigkeit in moralischen Fragen bewusst in die Nesseln gesetzt. Jetzt sind sie Workaholics ohne Privatleben. Ihr Beamtenstatus ist ihnen egal, ihnen geht es um mehr. Zur Not riskieren sie sogar ihr Leben für die Wahrheit. Sie verachten Regeln, Vorschriften, die Bürokratie (das ist allein aus dramaturgischen Gründen so) und den ganzen Verwaltungsapparat, der sie umgibt und einschränkt. Auch wenn sie große Skepsis gegenüber dem Leben, den Menschen und der ordnungsgemäßen Einrichtung der Welt haben und aufgrund der vielen negativen Erfahrungen in ihrem Beruf zum Zynismus neigen, glauben sie letztlich doch an Gerechtigkeit und die Freiheit, einzelne Dinge zum Richtigen zu verändern. Sie sind nicht fatalistisch und handeln, wenn sie die Möglichkeit dazu haben.

Der Protagonist und der Antagonist sollten sich wie das gesamte Figurenensemble **gegenseitig ergänzen**. Ist der eine eher der intellektuelle Typ, sollte der andere eher bodenständig sein. Ist der eine ein asketischer Schlacks, kann der andere eher der Genusstyp mit Weinfassfigur sein. Überdurchschnittliche Korrektheit wird ergänzt durch überdurchschnittliche Nachlässigkeit, Spießigkeit durch Hedonismus etc.

Der Böse – unser Antagonist

Der Krimi nimmt uns dahin mit, wo wir eigentlich nicht sein wollen: Ins Reich des Bösen und seiner Schattierungen. Wie sieht das Böse aus und wo beginnt es? Um das zu erkennen, müssen wir uns die potenziellen Täter anschauen. Das Böse beginnt bei den Motiven.

Der gute Krimischreiber ist misstrauisch und ein Misanthrop vor dem Herren. Er traut dem Guten in den Menschen nicht und hat jede Menge Phantasie, wenn es um unmoralische Antriebe seiner Mitmenschen geht. Legen Sie bei Ihren Figuren also den Finger in die Wunde! Sie haben Arges im Sinn. Die Welt ist bekanntlich ein **Sündenpfuhl**, das wissen wir schon aus der Bibel. Wer wirft den ersten Stein? Sol Stein schreibt diesbezüglich:

> »Deine Figuren sollen stehlen, töten, Vater und Mutter nicht ehren, falsches Zeugnis ablegen und ihres nächsten Haus, Weib, Knecht, Magd, Ochsen und Esel begehren, denn die Leser gieren nach solchen Dingen und gähnen vor Langeweile, wenn deine Figuren demütig, unschuldig, verzeihend und friedfertig sind.« (Stein 419)

Vielleicht wird zunächst nur ein Kleinkrimineller bloßgestellt, später erst dessen in schwerer wiegende Machenschaften verwickelter Chef. Oder der verdächtige Nachbar scheint nur so, weil er sein Fremdgehen verbergen will, was zwar moralisch verwerflich sein mag, nicht aber juristisch.

Stets sollten im Laufe der Handlung mehrere Figuren als Täter in Frage kommen, etwa drei bis vier. Am Ende könnten einige der Verdächtigen als unschuldig erkannt oder mit anderen Arten und Stufen von kriminellen Aktivitäten bloßgestellt werden, die womöglich gar nicht alle ermittelt bzw. bestraft werden können.

In dieser Gruppe von Verdächtigen gibt es aber einen, der ist Ihr Antagonist. Er handelt wirklich böse, auch im juristischen Sinne. Sein Vergehen ist es, das der Protagonist sühnen will, kein anderes. Kleinkriminelle Taten anderer Verdächtiger stehen nicht in seinem noch im Fokus des Lesers.

Je komplexer der Charakter Ihres Antagonisten ist, desto besser. Jeder Bösewicht hat Gründe für sein Tun. Er kann einfach dumm, empathielos, angriffslustig, gewalttätig oder abartig sein. Er kann aber auch genauso **facettenreich** sein wie sein positiver Counterpart, das macht ihn interessant und faszinierend. All seine Handlungen sollten zumindest ansatzweise motiviert und in seiner Vergangenheit begründet liegen. Antagonist und Protagonist sollten mindestens gleich stark sein, sonst ist der Konflikt für den Leser uninteressant. Noch besser jedoch ist das David-gegen-Goliath-Prinzip: der Schwächere besiegt den Stärkeren. Es ist in jedem Fall eine Auseinandersetzung, in der es für beide um alles geht.

Auch der Täter besitzt seinen Alltag, in dem er sich vertrauensvoll bewegt und der für ihn wie für alle anderen eine banale Normalität besitzt. Nur in einigen, vielleicht sehr wenigen Momenten, vielleicht zunächst nur einmal weicht er von seinem gewöhnlichen und unspektakulären Leben ab. Dann kommt es zum Ausbruch von kompromisslos betrügerischem und/oder gewalttätigem Verhalten. Dann kennt er kein Erbarmen und weiß seine Waffen richtig einzusetzen, um das Opfer zu beseitigen.

Im Fernseh-*Tatort* ist die größte berufliche Tätergruppe die der Unternehmer und Manager. Das ist aus dramaturgischer Sicht sinnvoll, weil man in hohen gesellschaftlichen Positionen viel Macht ausüben kann und ein hoher Fall garantiert ist. Täter können aber bei genügender Charakterisierung und Motivierung alle sein: Geschäftsführer, Professoren, Krankenschwestern, Kindergärtner. Dabei sind physische Kontraste zu den Taten reizvoll: schmächtige oder behinderte Burschen, zarte Frauen mit Rehaugen, die den üblichen Täterklischees widersprechen.

Täter handeln oft aus einem Mangel an Empathie heraus, der tiefenpsychologisch mit ihrer Kindheit zusammenhängt. Sie konnten die damaligen Demütigungen und ihr eigenes Leiden – bewusst oder unbewusst – nie ganz vergessen, haben adäquates soziales Verhalten nicht gelernt und fühlen sich in den Momenten der Tat vollkommen im Recht, denn ihnen wurde früher Ähnliches angetan. Dabei sind sie nun selbst egoistisch, narzisstisch und sadistisch und setzen so die Kette des Leidens fort.

Die Perspektive des Täters ist am stärksten im Psycho-Thriller ausformuliert. Dessen Urform findet sich in Heinrich von Kleists *Michael Kohlhaas*, einer übersteigerten Rachegeschichte. Psychotische Täter verwenden häufig besonders originelle Tatvarianten, weil sie eine verzerrte Sicht auf die Welt haben und Lust an Dingen verspüren, die dem gemeinen Menschen eher Unlust bereiten würden. Gern nehmen sie auf eigentümliche Weise Rache an jemandem, der ihnen aus ihrer Sicht Schlechtes angetan hat.

Antagonisten sind im Krimi weniger präsent als die ermittelnde Partei. In der Regel wird ihre Perspektive erst nach und nach eingeführt, etwa ab Ende des ersten Aktes. Sie tauchen in aller Komplexität erst zum Schluss auf, wenn die Hintergründe ihrer Taten in allen Einzelheiten beleuchtet sind. Dann erscheinen sie in Gänze als der Charakter, der sie schon immer waren. Anders als unserem Held steht ihnen weniger die Möglichkeit der Veränderung zu. Sie verharren meist in ihrer Schuldhaftigkeit. Ein Ausbruch daraus bleibt ihnen verwehrt.

Wie auf der Ermittlerseite ist auch der Antagonist selten ganz allein bei seiner Tat. Er kann durch weitere Figuren unterstützt werden, die auf verschiedene Weise an der Tat beteiligt sind. Das kann zum Beispiel ein direkter Mittäter sein, der den letzten Stich in der Brust des Opfers versenkt, ein Anstifter, der Beschaffer des Fluchtwagens oder ein befreundeter Kollege, der den Täter deckt. Diese Mittäter können auch als (Haupt)Verdächtige dienen. Eine solche Tätergruppe sollte möglichst vielfältig sein und sich äußerlich, charakterlich (Art oder Grad der Bosheit) und in Bezug auf Kenntnisse und Fähigkeiten ergänzen.

Antagonisten sollten in jedem Fall brandgefährlich und im Morden, Rauben oder Betrügen ihre Kompetenzen haben. Sie faszinieren durch ihre moralische Sonderstellung, wirken aber unsympathisch. Sie halten ihr Wort nicht und sind von ihrer Unschuld und der Ungerechtigkeit der Welt ihnen gegenüber überzeugt. Womöglich sind sie perfektionistisch und pedantisch. Sie sind so auf sich selbst fokussiert, dass sie auch aufgrund der mangelnden sozialen Fähigkeiten am Ende scheitern.

Rein chronologisch steht der Täter **am Anfang unserer Handlung**, denn er initiiert das Geschehen. Der Leser steigt ja meistens erst viel später ein, nämlich wenn der Protagonist von der Tat erfährt. Der Antagonist bestimmt damit das Thema, die Orte, die Zeit und das oder die Opfer. Unser Held muss diese Koordinaten alle noch herausfinden und kommt zunächst immer einen oder mehrere Schritte zu spät.

Wie verlaufen die womöglich wohlüberlegten Vorbereitungen der Tat? Welche Maßnahmen ergreift der Täter, um im Vorhinein der Polizei zu entgehen? Noch hat er alle Zeit der Welt. Kein Mensch ist hinter ihm her. Für die Polizei ist er Luft. Das wird sich ändern. Was genau ist sein Plan? Wen weiht er ein? Oder handelt er zunächst spontan? Was genau ist sind die Delikte, denen er sich hingibt? Im Krimi geht es fast immer um Mord (und nicht Totschlag), häufig um mehrere. Alles andere als diese äußerste Verletzung moralischer Gesetze rechtfertigt nicht die Verfolgung des Täters mit allen Mitteln durch die Ermittler. Es geht uns schließlich um maximale Dramatik.

Mord vor Gericht

Mord ist im deutschen **Strafgesetzbuch** in § 211 so definiert, dass wir schon ein paar Motive und Handlungsweisen an die Hand bekommen:

> »(1) Der Mörder wird mit lebenslanger Freiheitsstrafe bestraft.
> (2) Mörder ist, wer aus Mordlust, zur Befriedigung des Geschlechtstriebs, aus Habgier oder sonst aus niedrigen Beweggründen, heimtückisch oder grausam oder mit gemeingefährlichen Mitteln oder um eine andere Straftat zu ermöglichen oder zu verdecken, einen Menschen tötet.«

Mörder, die aus reiner Mordlust handeln, also ohne andere Gründe, gibt es in der Wirklichkeit fast nicht. Das ist im Krimi auch gar nicht so einfach umzusetzen, erst recht, wenn es womöglich gar keine Beziehung zwischen Täter und Opfer gibt. Die anderen hier genannten Motive und Vorgehensweisen sind dagegen schon reizvoller für Autoren. Sexualmord dürfte einer der häufigsten Mordarten in Krimis sein. Auch Mord aus Habgier finden Leser sicherlich nicht zu knapp vor. Die »niedrigen Beweggründe« beziehen sich auf übersteigerte Eigensucht, die mit gängigen menschlichen Maßstäben nicht nachvollziehbar ist. Heimtücke bezieht sich v. a. auf das Ausnutzen einer vertraulichen Beziehung zwischen Täter und Opfer und geht von der Arg- und Wehrlosigkeit des Opfers aus, die der Täter kaltblütig ausnutzt. Das Tatmerkmal der Grausamkeit verweist auf absichtlich zugefügte Qualen des Opfers. Gemeingefährliche Mittel sind (absichtliche oder unabsichtliche) Anschläge auf eine Gruppe von Menschen, zum Beispiel durch Brandstiftung, Vergiftung von Trinkwasser.

Fehlen bei der Tötung eines Menschen die hier genannten Motive und Handlungsweisen, geht der Jurist von Totschlag aus. Ein Totschläger handelt also zumeist im Affekt, oft auch unter Alkohol- oder Drogeneinfluss. Häufig sind die Opfer Frauen, die in einer engen Beziehung zum Täter stehen.

Was unterscheidet die verschiedenen **Tätertypen** im Krimi? Ist unser Antagonist ein Serientäter, Affekttäter oder Verdeckungstäter? Oder war der Mord nur Mittel zu einem anderen Zweck? Wir alle wissen, wie reizvoll ein Serientäter für ein Buch oder gar eine Buchserie sein kann. Anfangs verbinden die Ermittler die Taten vielleicht gar nicht miteinander. Wenn sie die Verbindung aber hergestellt haben, droht plötzlich ständig und überall Gefahr, dass der Täter wieder zuschlägt. Weil die Ermittler in einer solchen Situation weitere Taten verhindern müssen, ist der Serientäter v. a. ein gern gesehener Gast in Thrillern. Dieses Szenario gewährleistet eine durchgehende Spannung. Bei jedem Mord gibt er den Ermittlern neue Hinweise, die daraufhin die Schlinge um den Täter enger knüpfen können. Am Ende hat der Autor sogar die Möglichkeit zum Kunstgriff einer Scheinserie zu greifen und die Mordopfer zwei oder gar drei verschiedenen Tätern zuzuordnen. Hier würde ich aber von zu vielen Tätern abraten; dadurch ufert die Handlung zu sehr aus. Serientäter gibt es gottseidank sehr selten. Wenn Sie sich also mit ihrem Krimi stärker auf den Pfad der Realität begeben wollen, empfehle ich Ihnen den Ein- oder Zweimaltäter. Hierbei kann es sich auch um Profikiller oder Auftragsmörder (häufig von Frauen genutzt) handeln.

Ganz im Gegenteil dazu ist der – in der Realität viel häufiger vorkommende – Affekttäter für Krimiautoren ein reichlich unattraktiver Schurke, weil es im Krimi um einen maximal schuldigen Täter und seine Sühne geht. Die Schuld des Affekttäters ist jedoch keine lang überlegte, bewusste, sondern eine momentane und emotional (und häufig durch Alkohol oder sonstige Drogen) ausgelöste. Der Leser würde das für einen guten Krimi als nicht ausreichend ansehen. Der (in der Wirklichkeit fast immer männliche) Affekttäter muss im klassischen Krimi zumindest noch zum Verdeckungstäter werden, damit er ein würdiger Täter ist. Dabei nimmt er nun kalkulierend den Tod eines Menschen in Kauf, der ihn bei seiner Tat beobachtet hat oder darum weiß.

Last but not least geht es uns natürlich auch um eine bestimmte Art von Nicht-Mördern. Das sind die Täter im Hintergrund, die Mörder beauftragen und ihre Hände in Unschuld waschen. Die Täter mit der weißen Weste …

Tipp: Interessieren Sie sich für all Ihre Figuren! Was sind Züge, die Ihnen naheliegen? Je mehr von Ihnen in sie eingeht, desto besser werden sie.

Fragen Sie die Figuren!

Um die Hauptfiguren stärker abzurunden, überlegen Sie, ob Sie zum Beispiel folgende **Fragen** zu ihnen beantworten können:

- Wovon handeln ihre (Alp)träume?
- Was ist die älteste Erinnerung, die sie haben?
- Wovor haben sie Angst?
- Wo haben sie letztes Jahr Urlaub gemacht? Haben sie überhaupt welchen gemacht?
- Sind sie mehr durch den Vater oder die Mutter geprägt?
- Was wollten sie vor Schulabschluss werden? Warum sind sie es nicht geworden?

Wie würden Ihre Hauptfiguren den sogenannten **Proust-Fragebogen** ausfüllen?

- Wo möchten Sie leben?
- Was ist für Sie das vollkommene irdische Glück?
- Welche Fehler entschuldigen Sie am ehesten?
- Was ist für Sie das größte Unglück?
- Ihre liebsten Romanhelden?
- Ihre Lieblingsgestalt in der Geschichte?
- Ihre Lieblingsheldinnen/-helden in der Wirklichkeit?
- Ihr Lieblingsmaler?
- Ihr Lieblingsautor?
- Ihr Lieblingskomponist?
- Welche Eigenschaften schätzen sie bei einer Frau am meisten?
- Welche Eigenschaften schätzen sie bei einem Mann am meisten?
- Ihre Lieblingstugend?
- Ihre Lieblingsbeschäftigung?
- Wer oder was hätten Sie gern sein mögen?
- Ihr Hauptcharakterzug?
- Was schätzen bei Ihren Freunden am meisten?
- Ihr größter Fehler?
- Ihr Traum vom Glück?
- Was wäre für Sie das größte Unglück?

- Was möchten Sie sein?
- Ihre Lieblingsfarbe?
- Ihre Lieblingsblume?
- Ihr Lieblingsvogel?
- Ihr Lieblingsschriftsteller?
- Ihr Lieblingslyriker?
- Ihre Helden der Wirklichkeit?
- Ihre Heldinnen in der Geschichte?
- Ihre Lieblingsnamen?
- Was verabscheuen sie am meisten?
- Welche geschichtlichen Gestalten verabscheuen Sie am meisten?
- Welche Reform bewundern Sie am meisten?
- Welche natürliche Gabe möchten Sie besitzen?
- Wie möchten Sie gern sterben?
- Ihre gegenwärtige Geistesverfassung?
- Ihr Motto?

Die anderen: Nebenfiguren

Als Nebenfiguren verstehe ich alle Figuren, die weder Protagonist oder Antagonist noch Statist sind. Sie sind alle namentlich genannt und stehen meist in privater oder beruflicher, selten in zufälliger Beziehung zu Täter, Tat (Zeugen), Ermittler oder Opfer. Es sollte in Ihrem Krimi etwa acht Nebenfiguren geben, davon zwei bis drei Verdächtige.

Nebenfiguren können ein charakterliches und äußeres Gegengewicht zum Protagonisten bzw. Antagonisten bilden und – wie auch Statisten – dazu genutzt werden, Charakteristika des Protagonisten bzw. Antagonisten stärker hervorzuheben. Ich unterscheide zwei Arten von Nebenfiguren: **wichtige und unwichtige**. Etwa vier sind wichtig. Sie nehmen einen größeren Raum ein als die anderen und helfen durch ihr Agieren die Handlung um Protagonist und Antagonist voranzubringen. Sie sind nicht austauschbar. Die unwichtigen Nebenfiguren repräsentieren bestimmte Milieus, Berufe, Themen und Umgebungen. Sie helfen uns eher beim Ausgestalten der Atmosphäre.

Manche unwichtige Nebenfiguren sind eher Katalysatoren. Sie treten einmal entscheidend auf, um die Handlung in eine bestimmte Richtung zu lenken, dann sind sie nicht mehr vonnöten.

Nebenfiguren eignen sich ebenfalls gut zur **Entlastung** des Lesers. Sie sollten mindestens eine unwichtige Nebenfigur in Ihrem Ensemble haben, die den Leser kurzzeitig aufatmen lässt, weil ihr Auftritt Heiterkeit, Oberflächlichkeit und Amüsement verspricht. Sie ist eine positive, **leichte Figur**. Lassen Sie sie direkt im Anschluss an eine extrem konfliktreiche Szene auftreten!

Sie können eine Nebenfigur positiv darstellen, indem Sie sie beim Leser **Mitleid** erwecken lassen. Das kann geschehen, wenn sie zufällig in eine missliche Situation gerät, zum Beispiel »Heute früh noch hatte sie einen Kratzer am Kotflügel gehabt. Jetzt war ihr gleich ein ganzes Auto in den Kofferraum gerast. Und das, ohne dass sie irgendetwas anders als an jedem anderen Morgen getan hätte.«

Vor allem aber das **Opfer**, das entweder nicht mehr lebendig zur Sprache kommt, sondern nur in den Rückblenden der Zeugen, oder im Vorfeld ihrer Ermordung oder Verletzung gezeigt wird, sollte beim Leser Mitleid erregen, weswegen es möglichst positiv gezeichnet sein sollte. Je größer der tragische Verlust, desto größer die Anteilnahme des Lesers. Im Thriller taucht das Opfer häufig im Prolog auf. In den restlichen Kapiteln dann nicht mehr.

Mögliche Funktionen von **Nebenfiguren**:

Neben-Täter(in)	Tatzeugen/Verdächtige/Opfer	Neben-Ermittler
Mittäter(in)	Zufällige(r) Zeuge(in)	Private(r) Informantin
Fahrer(in)	Freund(in)	Kontakt bei der Polizei
Gehilfe(in)	Verwandte(r)	Gehilfe(in)
Waffenlieferant(in)	(Ex-)Lebenspartner(in)/Ehemann(-frau)	Kollege(in)
Hintermann	Geliebte(r)	
	Nachbar	
	Kollege(in)/Chef(in)	
	Geschäftspartner	

Hi and Bye: Statisten

Statisten sind die am wenigsten wichtigen, deswegen aber nicht unwichtigen Figuren. Wir brauchen sie zum Beispiel als Kellnerin, Pförtner, Rezeptionistin oder Verkäufer. Lassen Sie sie bei Ihrer Konzeption nicht unter den Tisch fallen und bleiben Sie auch hier originell und kreativ! Geben Sie auch Statisten Eigenheiten und beschreiben Sie sie, wenn auch nicht so detailliert wie die wichtigen Figuren.

Schauen Sie sich in Ihrer Straße um: gibt es dort auffällige Menschen, die spezielle Ziele haben, die Sie als Inspiration hernehmen können? Ist Ihr Nachbar, der Zeuge sein könnte und deswegen von der Polizei befragt wird, vielleicht ein glühendes SPD-Mitglied und möchte die Polizisten von einem Parteieintritt überzeugen? Ist der witzelnde Zeitungsverkäufer, bei dem der Protagonist eine Zeitung kauft, vielleicht ein Krimineller, der Falschgeld herausgibt?

Wenn ein zufälliger Zeuge eine entscheidende Szene miterlebt oder das Bezeugen einer kriminellen Tat nicht überlebt, kann er auch eine eigene Perspektive und einen Namen bekommen, um dem Leser die Szene dennoch zeigen zu können. Wenn nicht aus allwissender Perspektive erzählt wird und keiner der Haupt- oder Nebenfiguren anwesend ist, kann der Statist Platzhalter für die Perspektivfigur sein.

ÜBUNG

1. Versuchen Sie andere Figuren der neueren Kriminalliteratur zu charakterisieren: Comissario Brunetti, Dr. Kay Scarpetta, Jack Reacher, Martin Beck. Wie würden diese in bestimmten Situationen handeln? Wie würden sie sich in Ihrer Umgebung bewegen?
2. Tauchen Sie in das Hirn gesuchter Verbrecher ein, die Ihnen in Polizeiberichten und entsprechenden Fernsehsendungen (»Aktenzeichen XY«) beschrieben werden. Achten Sie dabei darauf, dass die Figuren auch interessant sind und Tiefe bekommen. Was ist das Besondere, das sie antreibt?
3. Stellen Sie sich Ihre Figuren als lebendige Menschen vor und überlegen Sie, wie sie sich in konkreten Situationen in Ihrer Gegenwart verhalten würden! Worüber würden Sie sich unterhalten? Wohin

würden Sie zusammen gehen um was zu unternehmen? Was tun sie tags, nachts, auf Arbeit, im Bett? Welche Fernsehserie schauen sie (nicht), welches Essen mögen sie (nicht)? Leben sie in der Stadt oder auf dem Land? Etc.

4. Schreiben Sie einen inneren Monolog, in dem der Täter seinen Mord (so nachvollziehbar wie möglich) plant und erklärt.
5. Versuchen Sie im öffentlichen Nahverkehr oder in Geschäften, auf den Straßen, in Cafés Personen zu erfassen. Was denken diese womöglich gerade? Was ist ihr Lebensmotto, wofür würden sie alles geben? Welchen Ihrer Figuren gleichen sie?

6. Namensgebung

Namen sind kein Schall und Rauch, sie sind wichtig! Es macht einen immensen Unterschied, ob Sie von Nebenfigur 1, dem »Mann von Johanna« oder von »Jakob Sternburg« sprechen. Die Namensgebung gleicht einem göttlichen Hauch auf eine Lehmfigur: diese wird sofort zu atmen beginnen. Eine Geburt findet statt. Probieren Sie es aus!

Sobald Sie einer Figur einen Namen geben, erwartet der Leser, dass diese eine tragende Rolle im Roman einnehmen wird. Enttäuschen sie ihn an dieser Stelle nicht! Zu viele Namen können den Leser verwirren, zu wenige machen es ihm zu einfach – eine Gratwanderung wie so vieles beim Schreiben.

Namenlose Protagonisten

Der Mann, die Frau, der andere Mann kann man natürlich für Statisten verwenden. Wenn Sie Ihren Protagonisten so nennen, vergeben Sie sich die Chance, ihm mit einem Namen auch ein Gesicht zu verleihen. Das Gleiche gilt für Initialen-Namen (F.).

Ein alter, aber immer wieder funktionierender und verwendeter Trick, um die Spannung zu erhöhen ist, die Namen der Figuren am Anfang des Kapitels nicht sofort nennen. Probieren Sie es aus! Aber nicht zu oft!

Namenswahl

Wie kommen Sie zu den Namen Ihrer Figuren? Wenn Sie einmal genau hinschauen, gibt es jede Menge verschiedene Varianten von Namen: Vornamen, Nachnamen, Doppelnamen, Spitznamen, Kosenamen, Schimpfnamen, Amtsbezeichnungen, Nachnamen mit Anrede…

Neun Tipps zur Auswahl von Namen

1. Vermeiden Sie besser zu komplizierte Nachnamen wie auch doppelte Nachnamen oder Zungenbrecher, wenn es nicht satirisch wirken soll.
2. Namen sollten auch denen anderer Figuren nicht zu ähnlich sein – sonst lauert Verwechslungsgefahr!
3. Achten Sie zudem auf die Konnotationen der Namen. Helle Vokale wie a, e, i deuten auf positive Figuren hin, dunkle Vokale wie o und u auf negative. Auch die Länge eines Namens kann auf einen eher direkten bzw. handelnden oder indirekten bzw. stärker reflektierenden Charakter schließen lassen.
4. Geht Ihr Text eher in satirische Richtung, könnten Sie durchaus auch skurrilere Namen verwenden, zum Beispiel Tobias Mindernickel (Thomas Mann). Ansonsten rate ich von abwertenden Namen oder Spitznamen ab. Sie bestimmen die Figur zu stark, als dass sie noch einigermaßen mehrdimensional gezeichnet werden könnte.
5. Abkürzungen und Spitznamen stehen häufig für sympathische Figuren. Sie können aber auch dem Täter einen Spitznamen geben. Das macht ihn geheimnisvoller, denn der Leser erfährt seinen wahren Namen zunächst nicht, Sie können aber trotzdem mit ihm operieren, d. h. ihn problemlos als Perspektivfigur verwenden.
6. Wenn die Region eine Rolle in Ihrem Buch spielt, sollten Sie regionale Namen beachten: Huber in Österreich, Jansen in Hamburg…
7. Bei vielen Autoren sind aus guten Gründen Orte und Städte für sprechende Nachnamen beliebt, zum Beispiel Weinberger, Waldner, Mehlberg. Das muss nicht immer orthografisch korrekt geschrieben sein. Sie evozieren sofort ein Bild, meist ein positives einer schönen Landschaft.
8. Der Name des Protagonisten sollte – wenn Sie keinen Jedermann darstellen wollen – originell sein, nicht gewöhnlich. Hier handelt es sich um eine besondere Figur, das sollte damit zum Ausdruck gebracht werden. Namen wie Müller, Meier, Schulze kann sich der Leser zudem schlechter merken.
9. Herr Lehmann? Nein! »Herr X« oder »Frau Y« funktionieren nur in einer Gaunerkomödie.

Sollte die Figur beim **Vor- oder Nachnamen** genannt werden? Das ist häufig eine Frage der Intuition. Der Vorname ist näher an der Person und macht sie sympathischer. Der Nachname ist distanzierter, weniger privat, wirkt professioneller und hat – sollte das gewünscht sein – mehr komisches Potenzial. Es hängt aber auch von der erzählenden Figur ab. Zuweilen wird Erzähler 1 aus eigener personaler Erzählperspektive mit dem Vornamen genannt, wenn Erzähler 2 über Erzähler 1 spricht, jedoch mit dem Nachnamen. Dazu kommt die kulturelle Tatsache, dass Frauen seltener beim reinen Nachnamen genannt werden als Männer. Und natürlich würde ein Mann seine Frau nie beim Vor- und Nachnamen nennen, sondern immer nur beim Vornamen.

Wenn Sie den Namen einer Figur eingeführt haben, nennen Sie ihn jedes Mal, wenn die Figur agiert, oder verwenden Sie das Pronomen (er/sie). Wenn Sie dies wiederholen müssen, ist das kein Vergehen. Nennen Sie die Figur nur nicht plötzlich »die Richterin«, »der Weißkittel«, »sein Gegenüber« oder »der junge Mann«! Das entfernt von der Figur und kann klischeehaft wirken.

Wenn Sie glauben Vor- und Nachnamen für eine Figur gefunden zu haben, lassen Sie ihn sich mehrmals über die Zunge gleiten, sprechen Sie ihn laut aus und in verschiedenen Intonationen. Gefällt er Ihnen dann noch, ist das ein gutes Zeichen. Arbeiten sie zunächst mit ihm. Wenn er Ihnen im Laufe des Schreibprozesses nicht negativ aufstößt, behalten Sie ihn bei!

Namensfindungshilfen

Gelistete Namen finden Sie klassischerweise im Telefonbuch. Sollten Sie eher digital unterwegs sein, können Sie hier nachsehen:

- Vornamenshitlisten nach Jahren: http://www.beliebte-vornamen.de
- Regionale Häufungen: http://www.verwandt.de/karten/
- Namen generieren: http://realnamecreator.alexjonas.de/

ÜBUNG

1. Prüfen Sie die Namen aus etwa zehn aktuellen Krimis: Welche Vor- und welche Nachnamen sind hier gerade en vogue?
2. Überlegen Sie sich ein paar Namen und notieren Sie Ihre jeweiligen Assoziationen dazu. Welche Rolle könnten Sie in Ihrem Krimi spielen?

7.
Wo geht's lang? Der Schauplatz

»Ich wollte mich gegen die Schablone stellen. Ein Mann kommt an einen Ort, wo er wahrscheinlich umgebracht wird. Wie wird das im Allgemeinen gemacht? Eine finstere Nacht an einer Kreuzung in einer Stadt. Das Opfer steht im Lichtkegel einer Laterne. Das Pflaster ist noch feucht vom letzten Regen. Großaufnahme einer schwarzen Katze, die eine Mauer entlangstreicht. Eine Einstellung von einem Fenster, hinter dem schemenhaft das Gesicht eines Mannes auftaucht, der nach draußen blickt. Langsam nähert sich eine schwarze Limousine, und so weiter. Ich habe mich gefragt, was das genaue Gegenteil einer solchen Szene wäre. Eine völlig verlassene Ebene in hellem Sonnenschein, keine Musik, keine schwarze Katze, kein geheimnisvolles Gesicht hinterm Fenster.«

(Alfred Hitchcock)

Unterschätzen Sie die Orte nicht! Wir brauchen sie! Sie tragen nicht nur zur Stimmung bei, sondern bilden den Rahmen für die Handlung. Kein guter Roman kommt ohne Beschreibungen der Schauplätze aus, weil der Leser sich ein **Bild vom Geschehen** machen will. Nicht zu beschreiben ist ein typischer Anfängerfehler.

Der Schauplatz sollte nie zufällig gewählt und ohne Bedeutung für die Handlung sein. Orte können zu Attributen von Figuren werden, wie zum Beispiel Oblomows Bett. Oder zu ihren Gegnern. Schauplätze können wie auch Dinge zu Raum-MacGuffins, das heißt zum entscheidenden Antrieb von Geschichten werden.

In der Geschichte der Spannungsliteratur hat sich ein festes **Set von Codes** für Schauplätze herausgebildet. Abgelegen, versteckt und ohne natürliches Licht haben Krimischriftsteller in der Vergangenheit die Orte ihrer Romane inszeniert, wie düstere Bars, kaum beleuchtete nächtliche Straßen und Plätze, von der Außenwelt abgeschlossene Höfe und Gebäude, Kellerräume, mondbeschienene Seeufer etc. Sie können sich dieser Codes bedienen oder versuchen sich davon abzusetzen: Ohne interessante, atmosphärische, besondere Schauplätze kann Ihr Buch nicht die Wucht entfalten, die es braucht, um seine Leser zu überzeugen.

Schreiben Sie nicht über Orte, die Sie nicht aus **eigener Anschauung** kennen! Sicherlich werden Ihnen bestimmte Orte zu den jeweiligen Szenen Ihres Buches einfallen. Das werden womöglich Ihre Erinnerungen an Orte und Gegenden sein, in denen Sie gelebt, gearbeitet oder Urlaub gemacht haben, angereichert um Bilder aus den Medien. Doch verlassen Sie sich nicht nur darauf! Wenn Sie schon nicht zur Recherche an den Ort fahren, erforschen Sie die Orte und die Umgebung mithilfe des Internets, Fotos, Reiseführern, historischen Postkarten oder Karten. Achten Sie dabei auf Kleinigkeiten! Bei der Beschreibung sind stimmungsvolle Details wichtig. Insbesondere bei häufig vorkommenden Straßenzügen, Grundstücken und Häusern sollten Sie Skizzen, Lagepläne und Grundrisse anfertigen. Die Orte sollten sich beim zweiten, dritten Mal auch nicht verändert haben (zum Beispiel gleiche Größe und Ort des Schranks).

Drinnen oder draußen? So reizvoll geschlossene Orte auch sind, dynamischer und leichter zu verwenden sind offene Orte. Hier gibt es äußere, unverhoffte Einflüsse, eine Choreografie der Bewegung und jede Menge Sinnlichkeit. Es ist schwieriger, dem flamboyanten Charakter eines Marktplatzes mit einem Setting beizukommen, das altbekannt und quasi standardisiert ist wie ein Café oder eine Wohnung, in der es keine weiteren Lebewesen gibt. Hier ist der Autor stärker gefordert, das begrenzte Instrumentarium entsprechend zum Resonanzboden für Konflikte umzugestalten. Am besten wechseln Sie einigermaßen regelmäßig zwischen Szenen drinnen und draußen ab, dann kann nichts schiefgehen.

Doch Schauplatz ist nicht gleich Schauplatz. Überlegen Sie, wie Sie bestimmte Orte wahrnehmen. Ist das schon immer so? Was beeinflusst die Wahrnehmung? Die Wirkung von Orten auf Personen ist nicht einmalig festgeschrieben, sondern hat eher **chamäleonartigen Charakter**. Ein Ort kann zu verschiedenen Zeiten wechselnde Stimmungen hervorrufen. Unterschiedliche Wetterszenarien können ihm ein jeweils anderes Gesicht verleihen. Wie ist die Atmosphäre an dem Ort zu einer bestimmten Tageszeit in einem bestimmten Lichteinfall? Leicht, unheimlich, ruhig, bedrohlich? Aber nicht nur das. Auch verschiedene Figuren können in je verschiedenen Stimmungen ein und denselben Ort verschieden wahrnehmen: ein Jugendlicher, ein Feuerwehrmann, ein Behinderter…

Ortsbeschreibungen können häufig auch nebenbei in Dialogen erwähnt werden – so braucht es keinen Erzählkommentar, der mit großer Geste den Ort einführt oder einen Ortswechsel ankündigt.

Fügen Sie in Ihre Szenenübersicht die jeweiligen Orte mit ein und versuchen Sie möglichst, in jedem Kapitel den Ort zu wechseln, auch wenn das aufgrund des Handlungsverlaufs nicht immer klappen wird. Ein Ortswechsel, mit einem Schnitt, kann Spannung erzeugen.

Einundzwanzig konkrete Vorschläge für Schauplätze

1. vergessene Orte *(Lost Places)*
2. auf einem Kreuzfahrtschiff *(Mordkap)*
3. Urlaubslandschaften an der Küste *(Meerjungfrauen morden besser)*
4. in der Heide *(Heidewut)*
5. im Moor *(Mädchen aus dem Moor)*
6. in den Bergen *(Schwindelfrei ist nur der Tod)*
7. auf einer Insel *(Abgrund)*
8. eingeschneiter Gasthof *(Mord im alten Pfarrhaus)*
9. Musikfestival (*Inspektor Barnaby: Ein mörderisch guter Song*)
10. Theater *(Ein königliches Theater)*
11. Hotels (*Bertram's Hotel*)
12. Schiffe (*Der Tod auf dem Nil*)
13. Züge (*Mord im Orientexpress*)

14. Flugzeuge *(Nacht über den Wassern)*
15. Kloster und Abteien (*Der Name der Rose)*
16. Bergdörfer (*Das finstere Tal*)
17. Bauernhöfe (*Der Hof*)
18. U-Bahn-Schächte *(Geister auf der Metropolitan Line)*
19. Bergtunnel *(Der Tunnel)*
20. Hausboot *(Todesblüten)*
21. Heißluftballon *(Ballonglühen)*

Geschlossene Orte (*closed spaces*) sind klassische Handlungsorte von Krimis, die bis heute gern und häufig verwendet werden. Der Leser bekommt ein überschaubares Szenario mit einer begrenzten Figurenzahl präsentiert, in dem er den Ermittlerpart übernehmen und mitraten kann.

In den letzten Jahren ist noch der zusätzliche Reiz hinzugekommen, dass der Autor die Figuren vom Internet abschneiden kann, weil ihre **Smartphones** an diesen entlegenen Orten keinen Empfang haben: eine heutzutage für viele ungewohnte Erfahrung.

Um das klassische Schema eines *Closed-Space*-Krimis etwas aufzubrechen und origineller zu gestalten, hat der Literaturwissenschaftler Peter Nusser verschiedene alternative Lösungen des *locked-room*-Syndroms gesammelt. Damit lässt sich die Frage, wer der Mörder war, wenn es nur eine begrenzte Anzahl von Figuren und Mordinstrumenten geben kann, *auch* beantworten:

- »Der Mord ist in Wirklichkeit ein Zufall und der Raum tatsächlich unzugänglich verschlossen.
- Der Ermordete hat unter Zwang Selbstmord in dem tatsächlich abgeschlossenen Raum begangen.
- Der Mord wurde durch ein Mittel begangen, das vor dem Abschließen bereits in den Raum gebracht war.
- Echter Selbstmord, der den Eindruck von Mord erweckt [...]
- Der Mord war begangen, ehe der Raum verschlossen wurde [...]
- Der Mord wurde von außen begangen, aber die Möglichkeit dazu (zum Beispiel das Abschießen einer Schusswaffe, Schleudern von Gift usw.) wurde übersehen.« (Nusser 47)

ÜBUNG

1. In welchem Szenario spielen Krimis selten? Beschreiben Sie einen leicht bedrohlich wirkenden Raum.
2. Beschreiben Sie, wie unterschiedlich ein Ort zu drei verschiedenen Zeitpunkten auf eine Figur wirkt!

8.
Erzählperspektiven *oder* welche Rolle spielen Sie hier eigentlich?

Erzählperspektiven sind für viele Anfänger im Krimi-Business zum einen etwas Unbekanntes, zum zweiten etwas Unverständliches und zum dritten etwas Überflüssiges. Dabei handelt es sich hierbei um elementares Werkzeug, wenn man sich mit Erzählen beschäftigt. Die entscheidende Frage für den Zugang zu diesem Problem lautet: Wer erzählt Ihre Geschichte und wenn ja, wie viele Erzähler gibt es darin?

Erzähler? Wer sind Sie eigentlich in diesem Spiel? Sie sind zunächst einmal nicht der **Erzähler** Ihrer Geschichte, Sie sind der Autor, der Schöpfer. Der Erzähler ist schon Teil Ihrer Schöpfung. Er ist fiktiv, erdacht. Sie nicht. Der Erzähler ist ein Ausdruck Ihrer literarischen, künstlerischen Idee. Sie können eigentlich nicht ohne Erzähler erzählen. Sie brauchen den Typen! Aber welchen jetzt genau? Man unterscheidet zwischen drei Hauptperspektiven.

Der allwissende Erzähler – auktoriale Erzählsituation

Merkmale

Der allwissende Erzähler ist der klassische Erzähler, der eine Geschichte vorträgt, in der er selbst keine Rolle spielt. Er mag die Geschichte von anderen gehört haben und nun weitergeben. Jegliche Volksdichtung mit ihrer mündlichen Weitergabe hat einen allwissenden Erzähler. Dieser weiß genau, was die Figuren, von denen er in der dritten Person erzählt, tun, fühlen und denken. Er nimmt eine Art **göttliche Position** ein. Er weiß alles über die Geschichte und ihren Inhalt und gibt die Geschichte so wieder, wie es ihm am besten erscheint. Niemand merkt, wenn er dabei ein wenig flunkert und Dinge ausschmückt, während er das Geschehen kommentiert und zwischen den Zeiten, Orten und Figuren hin- und herspringt. Er ordnet und schätzt die Figuren ein, wie es ihm richtig erscheint, denn er weiß mehr als die Figuren. Dann und wann schaltet er sich in die Handlung ein und vermittelt dem Leser Informationen über die Figuren, die über deren Erzählhorizont hinausgehen.

Eine solche auktoriale Erzählsituation erlaubt rasche Themen- und Szenenwechsel, viele tiefgehende Charakterstudien und die Bewertung der Figuren (Vorsicht!). Wie beispielsweise bei Ross Thomas kann der Erzähler eine bestimmte Einstellung zu Figuren und Ereignissen haben, in diesem Fall eine zynische, die er dem Leser kommentierend weitergibt. Er sollte jedoch nicht so weit gehen und die Figuren beleidigen oder grundlos herabsetzen.

Herausforderung

Die allwissende Erzählsituation kann so objektiv wie keine andere sein, da der Erzähler nicht Teil der Handlung ist, sondern den Überblick über alles hat. Die Gefahr ist, dass sie dadurch zu sachlich wirken und den Leser nicht emotional »packen« kann. Manchmal schaltet sich der Erzähler auch zu viel ein, bewertet und deklassiert die Figuren. Dann ist der Autor zu meinungsstark und sollte sich stärker zurücknehmen.

Beim klassischen Rätselkrimi, wo es einen Detektiv oder polizeilichen Ermittler gibt, der den Mordfall lösen will, wird der allwissende Erzähler selten verwendet. Der Leser sollte hier nicht mehr als der Detektiv wissen, wenn es keine Satire ist.

Die allwissende Perspektive ist aber auch nur punktuell möglich, zum Beispiel als imposanter Einstieg in einen Roman. Dabei beschreibt der Erzähler zunächst wie aus einer Totalperspektive das gesamte Szenario, um daraufhin immer näher an eine Figur darin heranzuzoomen. Ab hier kann dann ein personaler Erzähler übernehmen. Ein Beispiel hierfür findet sich bei Bernard Minier am Anfang seines Thrillers

»Wolfsbeute«: »Er stapfte mitten durch den Wald. Trotz des Schneesturms. Die Kälte war so eisig, dass er mit den Zähnen klapperte. Eiskristalle verklebten seine Augenbrauen und Wimpern; der Schnee bildete Krusten auf seinem Daunenanorak und der feuchten Wolle seiner Skimütze« Ein personaler Erzähler könnte nicht wissen, wie seine Augenbrauen und seine Mütze gerade aussehen, wenn er nicht in einen Spiegel schaut. Erst nach einer ganzen Weile geht die Perspektive dann mit direkten Gedanken in die Innensicht der Figur über: »*Wo war sie?* Wo war die Hütte?« Dann folgt die klassische personale Perspektive: »Der Wald wirkte auf ihn wie ein lebendiges Wesen« (Minier 5).

Fazit
Die allwissende Erzählsituation eignet sich für versierte Erzähler, die keinen typischen Ermittlerkrimi schreiben, sondern eher in traditioneller Erzählweise chronologisch eine Geschichte erzählen wollen. Der Leser kann sich dabei entspannt zurücklehnen und dem Erzähler folgen, ohne dass er dessen Bericht in Zweifel ziehen muss.

Beispiel allwissende Erzählperspektive aus *Porkchoppers* von Ross Thomas:

Die 5000 Dollar hatten drei Wochen gebraucht, um bei Goff anzukommen. Das lag nur zum Teil an der chronischen Trödelei der Post. Der größere Teil der Verzögerung war auf die fünf anderen Personen zurückzuführen, die sich an der ursprünglichen Summe von 7500 Dollar bedient hatten, wobei jeder zwei, drei oder sogar zehn der Scheine für sich herausnahm, …

Der Ich-Erzähler – Ich-Perspektive

Merkmale
Der Ich-Erzähler ist zugleich Erzähler und handelnde Hauptfigur. Er bewirkt das Gegenteil des allwissenden Erzählers beim Leser: er erleichtert ihm die Identifikation und wirkt authentisch und unmittel-

bar. Der Erzähler vermittelt dem Leser seine subjektive Haltung zu den anderen Figuren und dem Geschehen.

Viele Krimi-noir-Protagonisten erzählen aus der Ich-Perspektive, wie die Helden von Raymond Chandler, Dashiel Hammett (der zwei Romane lang mit namenlosem Erzähler schrieb) oder Ross Thomas. In seltenen Fällen ist der Ich-Erzähler nicht die Hauptfigur, sondern die Nebenfigur (wie Watson in *Sherlock Holmes)* oder sogar Statist (zum Beispiel *Herz der Finsternis, Moby Dick, Der große Gatsby*). In diesen Fällen stellt er einen weniger distanzierten, leserfreundlicheren Ersatz für den allwissenden Erzähler dar.

In komplexeren Krimis kann die Ich-Perspektive auch einem Täter zugeschrieben werden. Die Ermittler erzählen dann aus der personalen Perspektive. Das Interessante hieran ist, dass der Leser durch diese Perspektive einen tieferen Zugang zu den Gefühlen und Gedanken des Täters als zum Ermittler bekommt. Diese Konstellation hat häufig einen »unzuverlässigen Erzähler«, der dem Leser anfangs negative Dinge über sich verheimlicht (zum Beispiel Matt Ruff: Bad Monkeys).

»Unzuverlässige Erzähler« waren auf dem Buchmarkt der letzten Jahre recht häufig gesehen. Sie stellen aber große Anforderungen an den Autor bei der Figurencharakterisierung. Der Leser fordert einen soliden Grund für den hier erfolgten Vertragsbruch durch den Erzähler. Dieser ist meist nur über ein Krankheitsattest zu liefern, das häufig Formen psychischer Defekte des Ich-Erzählers, also Erinnerungsstörungen, Schizophrenie, Wahnvorstellungen, beinhaltet. Häufig liegt dem eine traumatische Erfahrung zugrunde, die mit seiner schuldhaften Tat zu tun hat. Akzeptiert der Leser den Grund der Untreue des Erzählers nicht, weil er zu weit hergeholt, also zu realitätsfern ist, hat der Autor verloren und der Leser schmeißt das Buch in die Ecke.

Ein Beispiel eines Krimis mit einem Ich-Erzähler als Täter ist Agatha Christies »Alibi«. Darin erzählt Dr. James Sheppard, wie er Poirots Assistent wird und in einem Kriminalfall ermittelt, als dessen Täter er sich am Ende selbst herausstellt. Am Ende verübt Sheppard Selbstmord.

Ebenfalls ungewöhnlich ist der Einsatz von verschiedenen Ich-Erzählern (zum Beispiel in Kanae Minato: Geständnisse). Diese sollten immer für den Leser zuordbar sein, also nicht in einer Szene auftauchen, um Verwechslungen zu vermeiden.

Ansonsten ist der Ich-Erzähler selbstredend in Tagebüchern, Briefen oder E-Mails zu finden. Wer sonst sollte hier schreiben?

Der unmittelbare Eindruck, den die Ich-Perspektive vermittelt, lässt Autoren häufig auf das Präsens als Erzählzeit zurückgreifen.

Herausforderung
Was denken die anderen? Der Blick in das Innere einer anderen Person ist für den Leser ungeheuer interessant, denn in unserem Leben können wir nicht in den Kopf unserer Mitmenschen schauen, nur in unserer Fantasie. In keiner anderen Kunstform kann man das so gut tun wie in der Literatur.

Den Autor stellt dieser Blick aber vor die Herausforderung, durch eine eigene Sprachgebung einen besonderen Charakter zu erschaffen. Keinesfalls darf unser Protagonist eine durchschnittliche Person sein. Die Macken, Ticks und liebenswerten Eigenheiten des Erzählers sollten nachvollziehbar, zusammenhängend und gut recherchiert sein.

Falls die unmittelbare und individuelle Erzählweise dieser Perspektive vom Leser als unangenehm oder abstoßend empfunden wird, besteht wie beim allwissenden Erzähler die Gefahr, dass er den Ich-Erzähler ablehnt und das Buch nach den ersten zwanzig Seiten zuschlägt.

Für den Krimiautor ergeben sich aber noch ganz andere Schwierigkeiten: Anders als beim allwissenden oder personalen Erzählen kann der Ich-Erzähler nicht die Perspektive wechseln, um externe Informationen einzuholen. Der Erzähler muss also mit Vermutungen, Nachstellungen und Berichten anderer in indirekter Rede arbeiten, insbesondere was dramatische Gewaltszenen angeht. Deswegen wird der Ich-Erzähler schon rein aus erzähltechnischen Gründen wahrscheinlich an mehr entscheidenden Handlungsszenen teilnehmen als der Protagonist, dessen Geschichte aus einer anderen Perspektive erzählt wird.

Ein weiterer kleiner Nachteil der Ich-Perspektive ist, dass dem Leser von Beginn an klar ist, dass der Erzähler die anstehenden Abenteuer wahrscheinlich auch überleben wird, denn sonst fiele ja der Erzähler weg und die Geschichte könnte nicht zu Ende erzählt werden. Auch beim personalen Erzähler wäre der Wegfall häufig eine erzählerische Katastrophe, aber hier gibt es keine Alternative.

Eine weitere Schwierigkeit der Ich-Perspektive ist, dass der Ich-Erzähler dem Leser nur schwer wichtige Informationen vorenthalten kann, denn dann fühlt sich der Leser hinters Licht geführt. Raymond Chandler schreibt dazu:

> »Allen Ich-Erzählungen könnte man zum Beispiel den Vorwurf der subtilen Unehrlichkeit machen, weil sie den Anschein der Aufrichtigkeit erwecken und doch die Möglichkeit haben, die rationalen Überlegungen des Detektivs völlig auszuklammern, während sie seine Worte und Taten und viele seiner gefühlmäßigen Reaktionen klipp und klar schildern. Es muss ein Moment kommen, wo der Detektiv plötzlich den Faden findet, dem Leser diese kleine Neuigkeit aber vorenthält, ein Zeitpunkt (und gewiefte Leser erkennen ihn oft ohne große Schwierigkeit), wo der Detektiv auf einmal aufhört, laut zu denken, und dem Leser freundlich, aber bestimmt die Tür zu seinen Gedanken vor der Nase zuschlägt.« (Chandler 80)

Weiterhin besteht bei der Ich-Perspektive die Gefahr, dass der Autor zu wenig Distanz zur Erzählerfigur hat und sich in zu vielen selbstgefälligen oder selbstmitleidigen Betrachtungen ergibt. Die Ich-Perspektive verleitet einige Autoren dazu, sich mit dem Erzähler zu identifizieren. Das sollte jedoch lieber nicht passieren, denn schließlich möchte Ihr Leser hier einen guten Krimi, aber nicht Ihr dramaturgisch unausgearbeitetes Tagebuch lesen.

Und die letzte Hürde, die unser Ich-Erzähler überwinden muss, lautet: Wie kann er auf elegante Weise sein eigenes Äußeres vermitteln? Seine Haarfarbe und -länge, seine Statur, sein Gesicht etc. Für so eine Beschreibung brauchen wir einen Anlass. Das kann zum Beispiel ein Dialog sein, bei dem der Gesprächspartner das Äußere unseres Helden aus bestimmten Gründen thematisiert. Oder Sie lassen ihn in den Spiegel schauen und sich selbst beschreiben. Vielleicht kann man ja auch ein oder mehrere Körperteile in die Handlung miteinbeziehen (»Mein blonder Pony behinderte die Sicht.«, »mit meinen roten Haaren fiel ich natürlich auf«) oder den Protagonisten mit anderen Figuren vergleichen (»Sie schien im gleichen Alter wie ich zu sein, Anfang dreißig«).

Fazit
Der Ich-Erzähler bietet sich für Autoren an, deren Stärke die Figurenkonzeption und die Beschreibung von Innerem, Gedanken und Gefühlen ist. Hier hängt alles vom Ich-Erzähler ab. Gelingt er, kann er den Leser tief in die Geschichte hineinziehen. Diese Perspektive ist eher keine Empfehlung für Autoren, die sich als absolute Anfänger beschreiben würden und an handlungsstarken Stoffen interessiert sind.

Beispiel aus *Der Hund der Baskervilles* von Arthur Conan Doyle:

Mr. Sherlock Holmes, der morgens sehr spät aufzustehen pflegte – wenn man einmal von jenen nicht seltenen Gelegenheiten absah, da er die ganze Nacht aufblieb –, saß am Frühstückstisch, während ich auf dem Kaminvorleger stand und den Spazierstock aufhob, den unser Besucher vergangene Nacht vergessen hatte. Es handelte sich um ein schönes, stabiles Stück Holz mit einem knollenförmigen Griff derjenigen Sorte, die bei uns unter dem Namen »Penang-Anwalt« bekannt ist. […]»Nun, Watson, was ersiehst du daraus?«

Holmes saß mit dem Rücken zu mir und ich hatte mir meine Beschäftigung doch in keiner Weise anmerken lassen.

Der personale Erzähler (Er/Sie-Perspektive)

Merkmale
Die personale Erzählhaltung bietet sich besonders an, wenn Handlung und nicht die Sprache oder Inneres einer Figur im Vordergrund stehen sollen, wie es ja beim Krimi zumeist der Fall ist. Der Plot wird hier durch mehrere sogenannte Perspektivfiguren, nicht nur durch eine

erzählt. Häufig werden diese Figuren gleich zu Beginn einer Szene genannt, damit der Leser weiß, wer jeweils erzählt. In fast jedem Kapitel wechseln sich die verschiedenen Perspektiven ab. Versuchen Sie dieses Wechselspiel so regelmäßig und in gleicher Folge zu gestalten wie möglich.

Wenn die Figuren unterschiedliche Wahrnehmungen des gleichen Geschehens wiedergeben, entsteht im Extremfall der »Rashomon-Effekt«, also die widersprüchliche Sicht auf das gleiche Geschehen. Womöglich sind sich zum Beispiel die Mitglieder eines Ermittlerteams uneins über ihre Beobachtung einer Straftat. Das kann eine gute Technik sein, um den Leser zu verunsichern.

Dem Leser drängt sich in dieser Perspektive weder ein allwissender noch ein Ich-Erzähler mit ihrer Geschichte auf. Er ist dadurch weniger abhängig vom Erzähler, der schon allein durch die Existenz weiterer Erzähler vom Leser mit mehr Zweifeln an seiner Geschichte konfrontiert wird. Auf gewisse Weise ist der Leser hier stärker gefordert, die Wahrheit aus der jeweiligen Erzählung herauszufiltern.

Die personale Erzählweise erlaubt wie die anderen beiden Perspektiven ein Erzählen von außen wie von innen einer Figur. Normalerweise werden sowohl Handlungen und Bewegungen wie auch Gedanken, Gefühle und Vorstellungen beschrieben.

Um Spannung zu erzeugen, kann man im Ausnahmefall eine zunächst namenlose Perspektivfigur zu Beginn in der **äußerlichen Beschreibung** belassen. Etwas weniger extrem wäre es, langsam an eine Figur heranzuzoomen, wie man das vom Film kennt, wenn der Bildausschnitt sich aus der anfänglichen Totale auf das Gesicht einer einzelnen Figur konzentriert. Diese äußere personale Erzählperspektive eignet sich, um kurzzeitig Spannung herzustellen, denn der Erzähler gibt nichts über die Gedanken und Gefühle der beschriebenen Figur preis. Womöglich kennt er zunächst nicht einmal ihren Namen. Er kann darüber nur mutmaßen, indem er Wörter wie »wohl«, »vielleicht«, »wirkte wie«, »schien« etc. verwendet. Erst in einer späteren Szene wird dann aus der inneren personalen Erzählperspektive erzählt.

Der personale Erzähler kann auch – als sogenannte erlebte Rede – indirekte und direkte Gedanken einer Figur darstellen, wobei er auch kurz in die Ich- oder Du-Perspektive wechseln darf, zum Beispiel

> »Valentin gab einen verärgerten Laut von sich. Die verdammte Seitentür, dachte er. Nicht nur, dass sie sich seit einiger Zeit nicht mehr verriegeln ließ, jetzt schwang sie offensichtlich schon bei der leisesten Luftbewegung auf. Wenn der Schmied nur endlich Beschlag und Schloss reparieren würde, seit Wochen verspricht er es, immer sind ihm andere Aufträge wichtiger. Gleich morgen früh werde ich ihm auf die Füße steigen. Na, der kann sich auf etwas gefasst machen.« (Robert Hültner, *Am Ende des Tages* 14)

Gedanken einer Figur wurden früher häufig kursiv gesetzt, heute kommt das seltener vor. Der Leser versteht aus dem Kontext, wem diese erlebte Rede zuzuschreiben ist. Um dem Leser anzuzeigen, welche Figur diese Gedanken hat, fügt man dann und wann »dachte sie« oder »folgerte sie« oder Ähnliches ein. Das kann auch für eine Figurengruppe verwendet werden: »Die drei saßen um das Lagerfeuer herum und fühlten sich so frei wie noch nie.«

Herausforderung:
Jede Figur, das unterscheidet sie vom allwissenden Erzähler, sieht nur einen kleinen Ausschnitt der Wirklichkeit ein und hat dementsprechend ein beschränktes Wissen. Der Leser soll aber am Ende *alles* wissen. Deswegen sollten Sie aus der Perspektive der Figuren erzählen, die am wichtigsten sind und deren Wissen unbedingt notwendig ist: »Perspektivfiguren«.

Überlegen Sie sich von Beginn an, welche das sein sollten und fragen Sie sich bei jeder, ob sie notwendig ist, um die Handlung wiederzugeben, oder ob die entscheidenden Handlungspunkte auch von einer schon bestehenden Figur erzählt werden können. Vielleicht gibt es zum Beispiel zwei Ermittler, die immer die gleichen Wege gehen. Dann brauchen wir nur die Perspektive eines der beiden.

Als Anfänger sollten Sie sich auf **maximal fünf** Perspektivfiguren beschränken, besser weniger. Je erfahrener Sie sind, desto besser gelingt es Ihnen, eine Figur auch auf wenig Raum prägnant darzustellen und mehrere verschiedene Handlungsstränge so parallel zu führen, dass sie am Ende auch Sinn ergeben und zusammenpassen. Je mehr Perspektivfiguren Sie haben, desto komplexer wird die Geschichte und desto mehr Raum wird sie einnehmen.

Anfängern rät man zudem, innerhalb einer Szene nicht die Figuren-Perspektive zu **wechseln**, also zuerst aus der Perspektive einer Figur, dann einer anderen zu erzählen. Die Herausforderung bei einer Vielzahl von Perspektiven wie auch bei schnellen Perspektivwechseln innerhalb einer Szene liegt darin, die jeweilige Figur so gut zu treffen, dass der Leser das Gefühl hat, sie gut zu kennen. Verwendet man diese Form der schnellen Perspektivwechsel, muss man sie konsequent durch den ganzen Text hindurch durchhalten.

Ein kleiner Trick, um eine Perspektivenfigur in Frage zu stellen, ist, am Ende einer Szene von der bisherigen »Hauptperspektive« kurz zu einer anderen zu wechseln. Beide Perspektiven können so gegeneinander aufgestellt werden, wodurch Spannung entsteht.

Wie bei der Ich-Perspektive stellt sich auch hier die Frage, wie man die Perspektivfigur äußerlich beschreibt. Sie können die oben aufgezeigten Tricks genauso für die personale Perspektive verwenden oder die Figur aus der Perspektive einer zweiten Perspektivfigur beschreiben lassen.

Fazit

Die personale Erzählsituation ist wie gemacht für den Krimi. Sie favorisiert Handlung und schnelle Abwechslung statt Figuren und ihr Inneres. Der Leser kann sich nicht zurücklehnen und den Erzählern glauben, sondern muss bei jeder Perspektivfigur den Wahrheitsgehalt hinterfragen. Für Anfänger und Profis die empfohlene Perspektive!

Beispiel aus *Gefundenes Fressen* von Stephan Hähnel:
Morgenstern hatte sich immer wieder gefragt, woraus sich die Wut dieser Frau speiste. Egal, wann er mit ihr zu tun hatte, stets machte sich bei ihm das Gefühl breit, etwas Falsches zu sagen. Soweit er wusste, war Sigrid Lucatelo als Jugendliche nach Berlin gezogen.

Vergleich der Erzähl-Perspektiven

A – auktorialer Erzähler	B – Ich-Erzähler	C – personaler Erzähler
	Beispiel	
(1) Man hatte ihn am Vormittag mit verbundenen Augen und Ohrenstöpseln nach Masar-i-Scharif gebracht. (2) Nach dem Helikopterflug pulsierte sein ganzer Kopf, als würde er gleich zerspringen. (3) Auf der anderen Seite des Tisches sah Sarah ihn prüfend an. (4) So richtig fit scheint er nicht zu sein, dachte sie.	*(1) Ich hatte keine Ahnung, wo ich war. (2) Nach dem Helikopterflug pulsierte mein ganzer Kopf, als würde er gleich zerspringen. (3) Auf der anderen Seite des Tisches sah Sarah mich merkwürdig an. (4) Ihr Blick schien, als hätte sie Zweifel an meinem gesundheitlichen Zustand.*	*(1) Er hatte keine Ahnung, wo er war. (2) Nach dem Helikopterflug pulsierte sein ganzer Kopf, als würde er gleich zerspringen. (3) Auf der anderen Seite des Tisches sah Sarah ihn merkwürdig an. (4) Ihr Blick schien, als hätte sie Zweifel an seinem gesundheitlichen Zustand.*
(1) Satz 1 zeigt, dass der auktoriale Erzähler mehr Informationen hat als die Figur selbst. Er zeigt hier die Figur aus einer allwissenden Außenperspektive. (2) Im zweiten Satz springt der Erzähler in das innere Erleben der Figur. (3) Der dritte Satz gibt eine äußere Beschreibung aus der Perspektive der Figur wieder. (4) Der vierte Satz springt in das innere Erleben einer zweiten Figur.	(1) Dem Erzähler fehlt hier das Wissen des allwissenden Erzählers. (2) Der Erzähler beschreibt sein inneres Erleben. (3) Der Erzähler gibt sein äußeres Erleben wieder. (4) Der Erzähler kann nur mutmaßen, was eine zweite Figur gerade empfindet.	(1) Dem Erzähler fehlt hier das Wissen des allwissenden Erzählers. (2) Der Erzähler beschreibt sein inneres Erleben. (3) Der Erzähler gibt sein äußeres Erleben wieder. (4) Der Erzähler kann nur mutmaßen, was eine zweite Figur gerade empfindet.

Sonderform Du-Perspektive

Die Erzählform der zweiten Person Singular (»Du wolltest ihn sehen. Als er kam, hast du dich aber versteckt.«) stellt eher eine Ausnahme dar, die nur in Abschnitten eines Buches, zum Beispiel im Prolog oder einem kleineren Erzählstrang, verwendet wird. Diese Perspektive spricht eine einzelne Person und gleichzeitig den Leser an, wodurch sie authentisch, intensiv und direkt wirkt. Auf die Dauer kann es jedoch leicht geschehen, dass der Leser sie nicht ernst nimmt, weil die Erzählhaltung unrealistisch und gekünstelt gerät. Gegebenenfalls kann die Perspektive aber auch Ausdruck eines Selbstgesprächs sein, bei dem der Protagonist innere Beweggründe verrät.

Nicht zu verwechseln ist diese Perspektive übrigens mit der quasi-mündlichen Anrede, wie sie zum Beispiel Wolf Haas in seinen Brenner-Krimis verwendet: »Jetzt musst du wissen, die Leute sagen über den Andi, er ist ein bisschen langsam.« (Haas 48) Hier richtet der Ich-Erzähler sein Wort an den Leser. Das ist eigentlich ein klassisches Muster, das aber ohne Haas' umgangssprachlichen Erzählton nicht funktionieren würde und heute auch eher selten Verwendung findet.

Probieren Sie, bevor Sie loslegen, verschiedene Erzählperspektiven aus und lassen Sie gegenlesen! Was scheint Ihnen und den anderen Lesern am passendsten? Überlegen Sie auch, ob Sie nicht womöglich verschiedene Erzählstränge aus verschiedenen Perspektiven schreiben, also zum Beispiel den Hauptstrang aus der Ich-Perspektive und die Nebenstränge aus personaler Perspektive (wie zum Beispiel in Jörg Juretzkas *Tauchstation*). Dadurch weiß der Leser automatisch, welche Figur gerade erzählt.

ÜBUNG

Schreiben Sie eine Szene aus drei verschiedenen Erzählperspektiven: welche Unterschiede stellen Sie fest?

9.
Erzählzeiten – heute wie früher

Einfache Vergangenheit (Präteritum/Imperfekt)

Die Mehrzahl der Kriminalromane ist in der einfachen Vergangenheitsform geschrieben: »Simona lachte ihn an. Sie war ihm auf einmal so nah, ihre helle Haut, der Wirbel ihrer Haare, ein Wunder in Kastanienrot, dicht und schön.« (Max Bentow, *Der Traummacher*, S. 7). Das verwendete Präteritum zeigt dem Leser an: Jetzt nimmt der Erzähler dich mit auf eine Reise durch eine Geschichte, wie sie in der Vergangenheit stattgefunden haben mag. Diese Erzählhaltung gibt es tausendfach in unserer uralten mündlichen Erzähltradition. Der Leser weiß dadurch, worauf er sich einlässt und das ist genau das, was er will. Achten Sie also darauf, nicht aus Versehen ins Präsens zu wechseln.

Erzählen die Figuren über Vergangenes, verwenden sie das Plusquamperfekt.

Zweite Vergangenheit (Plusquamperfekt)

Fügt der Erzähler eine Rückblende ein, muss der Zeitsprung dem Leser signalisiert werden. Das kann zum einen durch eine Leerzeile davor und danach geschehen, zum anderen dadurch, dass wir in die zweite Vergangenheitsform des Verbs zurückgehen, das Plusquamperfekt. Das sollte man aber nicht im gesamten Rückblick verwenden, denn die Häufung der nun doppelten Verbformen von »hatte" und »war« plus Partizip stört schnell. Manchmal reicht auch die kurze Überleitung in die Vergangenheit aus, indem man Zeitwörter und -Ausdrücke wie »als Kind«, »damals«, »ich weiß noch, als«, »jahrelang«, »immer«, »einmal« einsetzt.

Wenn Sie wieder zurück in die einfache Vergangenheit wechseln, zeigen Sie den Sprung durch einen Absatz oder eine Leerzeile an.

Für grammatikalisch nicht so versierte Autoren heißt es hier aufpassen: Konstruktionen wie »hatte gegessen gehabt« oder »war gebadet gewesen« sind nicht korrekt!

Gegenwart (Präsens)

Präsens als Erzählzeit ist in den letzten Jahren etwas in Mode gekommen. Die Gegenwartsform des Verbs verlangt dem Leser aber etwas mehr Flexibilität und Bemühen ab. Er kann sich hier nicht so einfach in den traditionellen Erzählsound eines Geschehens fallen lassen, das lange her und weit weg von ihm ist. Präsens vermittelt Aktualität. Dass hier etwas erzählt wird, das gerade jetzt abläuft, mag zunächst etwas ungewöhnlich wirken. Es hat aber dann den Vorteil, dass man den Leser quasi von Beginn an »am Haken« hat, weil er wenig Distanz zum Geschehen aufbauen kann.

Präsens wird häufiger verwendet, wenn aus der Ich-Perspektive erzählt wird.

Wenn Sie normalerweise im Präteritum erzählen, können Sie trotzdem bei spannungsgeladenen Szenen kurz ins Präsens wechseln. Dann weiß der geübte Leser sofort, dass er jetzt den Atem anhalten muss.

ÜBUNG

Ändern Sie bei einer schon publizierten Geschichte eines anderen Autors die Erzählzeit. Wie liest sich das jetzt?

10.
Zeig mir deine Szene: Wer war wann, wie, wo?

Ein Roman besteht aus verschiedenen Kapiteln, zum Beispiel vierundzwanzig an der Zahl, von denen jedes etwa fünf bis zwölf Normseiten (à 1800 Zeichen inklusive Leerzeichen) umfasst. Je kürzer die Kapitel, desto mehr Dynamik entfaltet ein Buch.

Ein Kapitel besteht normalerweise aus mehreren Szenen. Szenen sind die kleinste Erzähleinheit eines Romans. Sie folgen den aristotelischen **drei Einheiten von Zeit, Raum und Handlung**. Das heißt, dass es innerhalb einer Szene keine Sprünge von Zeit, Raum und Handlung geben kann.

Szenen werden falls nötig vom Erzählerbericht (Reflektion, Beschreibung und Kommentar) eingeleitet bzw. verbunden. Sie zeigen einen Handlungsstrang, der innerhalb eines Kapitels von anderen Strängen unterbrochen werden kann. Szenen eines Strangs können in Ort und Zeit von den vorherigen und folgenden abweichen, erhalten ihre Kontinuität aber durch die gleichen Figuren aufrecht.

Machen Sie sich in der Plottingphase (Kapitel 4), bevor Sie mit Schreiben anfangen, eine Szenenübersicht. In welchem Kapitel gibt es welche Szenen? Markieren Sie den Handlungsstrang bzw. die Figurenperspektive der Szenen. Wer tritt wann wo wie auf?

Viele Anfänger haben ihre Probleme mit dem szenischen Schreiben, weil sie zu schnell zu viel wollen und zu wenig in Bildern »sehen«. Szenisches Schreiben ist eine Basisübung für den angehenden Autor, die Sie beherrschen sollten.

Zehn Punkte, worauf Sie beim szenischen Schreiben achten müssen

1. Jede Szene sollte sowohl eine besondere Atmosphäre transportieren als auch die Handlung und/oder die Entwicklung der Figuren voranbringen. Tut sie das nicht, streichen Sie sie!
2. Szenisch zu schreiben ist aufwendig und raumgreifend. Die szenische Darstellung der Handlung verlangt mehr Text als die geraffte und abstrakte Wiedergabe im Erzählerbericht. Entsprechend sollten Sie gut überlegen, welche Teile Ihrer chronologischen Handlung sich lohnen auf diese Weise präsentiert zu werden.
3. Entwickeln Sie einen Sinn für die Attraktivität von Szenen! Versuchen Sie in Ihren Szenen nur handlungsreiche, dynamische, dramatische und stimmungsvolle Handlungen zu zeigen. Anschließend können Sie im Erzählerbericht deren weniger spektakuläre Vor- oder Nachgeschichte gerafft erläutern, so dass der Leser die Leerstellen füllen kann, die Sie ihm gelassen haben. Das macht Ihr Buch nicht nur zu etwas Besonderem und Spannendem, sondern beschleunigt zudem die Handlung.
4. Überlegen Sie, welche Ziele die Figuren in eine Szene mitbringen und wie sie sie umzusetzen versuchen. Wo in dieser Szene sucht der Ermittler den Täter? Welche neuen Informationen erhält er? Wo ist das Ziel des Täters ersichtlich? Welcher Konflikt entsteht aus der Zielsetzung verschiedener Figuren? Dieser Konflikt sollte den Kern einer jeden Szene ausmachen.
5. Beginnen Sie eine Szene hin und wieder von außen und nähern Sie sich der Figur, bis sie in ihr Inneres vordringen: »Philipp saß auf dem Stuhl vor seinem Bürotisch und schüttelte den Kopf. Er nahm einen Stift in die Hand und schrieb.« Es ist nicht notwendig, mit dem Erzählerbericht zu beginnen, à la »Es war Abend geworden. Philipp war nach Hause gekommen und hatte sich ins Arbeitszimmer begeben. Er wirkte müde. Die Erfahrung mit Beckstein hatte ihn erschöpft. Es war wirklich kein Land in Sicht.« Stattdessen können Sie direkt in eine Szene hineinspringen.

6. Den Spannungsgrad einer Szene kann man durch Einführen einer **neuen Nebenfigur** erhöhen, die einen Nebenkonflikt eröffnet oder weiterführt, indem sie die Pläne einer anderen Figur durchkreuzt. Diese Figur sollte aber organisch in das Figurenensemble eingepasst sein, also eng mit anderen verbunden sein, sei es durch Verwandtschaft, Arbeit oder räumliche Nähe (zum Beispiel Nachbarn oder Verwandte).
7. Das **Ende** einer Szene oder eines Kapitels sollte das Ende bedeutungsvollen Handelns sein. Den Leser sollte sie schlauer, aber auch neugieriger auf das Kommende zurücklassen. Machen Sie einen »Schnitt« und beenden Sie die Szene oder das Kapitel, bevor eine Figur etwas Selbstverständliches oder Banales tut. Wir brauchen keine langwierigen überflüssigen Übergänge, schneiden Sie sie lieber an einer pointierten Stelle ab! Wenn die »abgeschnittene« Handlung für die folgende Szene wichtig ist, lassen Sie den Leser davon wissen, indem Sie sie nennen oder zusammenfassen, zum Beispiel »Sie macht sich auf den Weg zu Hoffmann« oder »Sie knipste das Licht aus und versank sofort in schweren Träumen«.
8. Durch derlei Schnitte ist es hin und wieder wichtig, durch den Erzähler **Zeitangaben** zu machen, damit sich der Leser zeitlich orientieren kann. Gleitet das Geschehen gleichmäßig dahin, braucht man keine verbale Markierung, sondern verwendet einfach Absätze und Leerzeilen. Doch gibt es einmal eine größere Pause zwischen zwei Szenen, müssen wir auf die bekannten Formeln »Am übernächsten Tag«, »Eine Woche später« oder »Nach drei Jahren« zurückkommen. Häufig folgt dann eine Raffung der bis dahin erfolgten Handlung. Um anzuzeigen, an welchen Erzählstrang man mit der neuen Szene anschließt, kann man entweder den Namen der Perspektivfigur oder anderer Figuren nennen oder andere Eigenheiten, die den Leser den Faden wieder aufnehmen lassen, wie beispielsweise den Ort des Geschehens.
9. Achten Sie auch auf eine kreative Verwendung der **Schnittpause**. Die Abfolge der Szenen lässt hier schöne Kontraste oder Täuschungsmanöver zwischen dem Ende der einen und dem Anfang

der nächsten zu. So können Sie zum Beispiel den Leser mit der folgenden Szene täuschen, indem Sie sie der vorhergehenden annähern. Erst später merkt der Leser, dass sie zu einem anderen Erzählstrang gehört.

10. Blake Snyder weist darauf hin, dass jede Szene eine emotionale Entwicklung darstellen soll (Snyder 124). Die Hauptfigur in jeder Szene sollte emotional verändert daraus hervorgehen. Snyder kennzeichnet diese Gefühle mit + und –, teilt sie also in positive und negative ein. Das ist grundsätzlich sicher richtig, aber natürlich gibt es auch Gefühle, die nicht so einfach zuordbar sind, deswegen spricht man ja so häufig von den berühmten »gemischten Gefühlen«.

Tipp: Kann man vielleicht Szenen kürzen und damit die Reihenfolge der verschiedenen Handlungsstränge verändern, so dass es häufigere Wechsel zwischen den Strängen gibt und somit mehr Spannung entsteht?

ÜBUNG

1. Gibt es womöglich zu einer Szene, die Sie nicht optimal finden, eine Alternativszene? Wann, wo und mit wem könnte die angelegt sein? Schreiben Sie sie einmal aus und vergleichen Sie!
2. Analysieren Sie in einem erfolgreichen aktuellen Krimi, wie der Autor die zeitlichen und örtlichen Wechsel vermittelt.
3. Illustrieren Sie eine Liebes- oder Konfliktszene durch den dazugehörigen Rahmen (Spaziergang, Essen etc.)

11.
Dialoge *oder* wenn zwei sich streiten, freut sich der Leser

»In keiner Romanform ist das Studium von Mimik und Gestik des Gegenübers so entwickelt«
(Richard Alewyn)

Es gibt viele Autoren, die nicht gern Dialoge schreiben und diese tunlichst vermeiden. Dann herrscht in ihren Texten ein Übergewicht an Erzählerbericht und Handlung. Wie fänden Sie als Leser derlei Texte? Leblos? Unpersönlich? Monoton? Genau!

Der Dialog ist eine weitere Art dem Leser eine Geschichte zu zeigen anstatt zusammenzufassen und insofern ein literarisches Mittel erster Wahl. Wenn Sie im Zweifel sind, ob Sie Erzählerbericht oder Dialog verwenden sollen, wählen Sie den Dialog! Er verleiht Ihren Texten **Dynamik und Lebendigkeit**, denn er kommt unserem eigenen realen Verhalten am nächsten. Wir führen Tag für Tag jede Menge Dialoge. Im Dialog fühlen wir uns zu Hause. Der Erzählerbericht demgegenüber ist etwas Literarisches, Künstliches.

Es gibt Autoren, die es beherrschen, uns Dialoge zu präsentieren, die klingen, als wären sie direkt **auf der Straße** gehört worden und eins zu eins von dort übernommen. Immer wenn in einem Buch etwas »komplett wie in der Wirklichkeit« scheint, hat der Autor seinen Job gut gemacht. In Wahrheit gehört zu einem guten Dialog viel mehr als die Wiedergabe der Floskeln und Banalitäten, die Sie jeden Tag in Ihrem Alltag hören.

Die Sprache, die wir jeden Tag verwenden, ist durchdrungen von Wiederholungen, Abschweifungen, unvollständigen, falschen oder endlos aneinandergereihten Sätzen, überflüssigen Worten und Echos der Fragen. Normalerweise sprechen wir **kein schönes Deutsch**. Warum sollten wir auch? Beim alltäglichen spontanen Sprechen geht es um funktionale Verständigung, darum, möglichst schnell und einfach dem anderen zu vermitteln, was unser Begehr ist. Häufig genug klappt nicht einmal das und Missverständnisse führen zu mancherlei Zwist. Man muss keine Fremdsprache sprechen, um manchmal an der eigenen Ausdrucksfähigkeit zu zweifeln.

Demgegenüber geht es beim wohlformulierten literarischen Dialog darum, was Literatur immer sein sollte: klug, gewitzt, belesen, mit Esprit, originell, kurz, eine Reflektion von Sprache selbst.

Über den rein formalen sprachlichen Aspekt hinaus, brauchen literarische Dialoge noch etwas, ohne das unsere täglichen Dialoge ohne Weiteres auskommen: **Konflikte**. Denn wozu sollte der Leser von einem ausführlichen Gespräch lesen, bei dem sich die Gesprächspartner in allen Punkten einig sind? In diesem Fall hat auch der Dialog seine Schuldigkeit getan und ist nicht mehr vonnöten.

Ein konfliktfreier Dialog könnte ungefähr so aussehen:

»Guten Abend, Sophia!«

»Hallo, Jürgen!«

»Und, wie war dein Tag?«

»Ach, ich habe mit unserer Tochter telefoniert. Sie kommt morgen vorbei!«

»Das ist aber schön, Schatz.«

Und noch etwas braucht der literarische Dialog, das in unseren Alltagsgesprächen nicht immer Platz hat: neue Informationen. Sie sollen die Handlung vorantreiben.

Der informationsfreie Dialog könnte ungefähr so aussehen:

»Guten Abend, Sophia!«

»Hallo, Jürgen!«

»Und, wie war dein Tag?«

»Wie immer, das Übliche. Und deiner?«

»Muss ja. Alles wie immer, du weißt ja, nichts Besonderes passiert.«

Dennoch sollten Sie auch nicht in das Gegenteil verfallen. Der unschöne Fachterminus »**Info-Dumping**« beschreibt einen Fehler, den Anfänger gern begehen, nicht nur im Dialog, sondern häufig auch im Erzählerbericht: Sie pflastern alles mit Informationen zu, so dass der Leser kaum noch hinterher kommt. Dadurch können Dialoge auch schnell unnatürlich wirken, weil dem Leser Informationen gereicht werden sollen, die die Figuren in der Situation aus ihrer eigenen Logik heraus nicht formulieren würden. Sie sind entweder schon allen Gesprächspartnern bekannt oder passen nicht zu der jeweiligen Situation.

Sie sollten also zunächst auswählen, welche Informationen für den Leser essentiell sind. Dann überlegen Sie, wo Sie welche Inhalte einfügen. Einiges an Informationsmaterial kann natürlich im Erzählerbericht kurz wiedergegeben werden, aber versuchen Sie auch das gering zu halten. Dialoge entfachen immer etwas mehr Dramatik. Der Leser muss auch nicht sofort alles auf dem Silbertablett präsentiert bekommen. Besser **peu à peu** die Dinge einfügen und durch Andeutungen die Fantasie des Lesers anregen! Er soll sich schließlich auch seine eigenen Gedanken über die Lage machen. Und vieles kann einfach über Handlung wiedergegeben werden. So kann zum Beispiel eine Vorgeschichte des Betrugs bei einem Paar ganz simpel mit dem irritierten Blick der Partnerin auf das klingelnde Handy des Partners geschildert werden. Das Handy gilt ihr als Symbol für den Betrug.

Ein »Info-Dumping«-Dialog könnte ungefähr so aussehen:

»Guten Abend, Sophia!«

»Hallo, Jürgen!«

»Ich war heute bei der Pränataldiagnostik – ohne dich!«

»Der Gynäkologe wollte uns doch einen Brief mit einem Termin schreiben!«

»Ich bin jetzt dreizehn Wochen schwanger und du hast mich bisher weder zur Nackentransparenzmessung, Nasenbeinmessung oder zur Ultraschall-Untersuchung in die Praxis bei Dr. Zahn in die Schlossstraße begleitet. Der Brief ist letzte Woche gekommen. Ich habe ihn in die Veranda gelegt!«

»Schatz, das ist mir jetzt furchtbar peinlich. Ich hatte heute den Termin mit dem Steuerberater, der mir noch den Einkommenssteuerbescheid erklären wollte. Du weißt, dass ich für alle Kosten aufkomme. Immerhin hat die Nackentransparenzmessung 180 Euro gekostet!«

»Das weiß ich doch. Ich habe mich jetzt schon für nächsten Monat zum Feinultraschall angemeldet. Da kommst du mit!«

Kurz und gut, was soll der gute Dialog leisten?

- Er vermittelt dem Leser relevante Informationen **und** bereitet Vergnügen **und** weckt Neugier **und** erzeugt Spannung.
- Er vermittelt uns die Handlung: Der Leser sieht das Geschehen wie in einem inneren Film ablaufen und erfährt nicht erst später aus Berichten oder Zusammenfassungen davon.
- Er beschreibt die beteiligten Charaktere: Der Dialog lässt ein Bild der Sprechenden und der Situation vor unseren Augen entstehen. Wir sehen den Sprechenden und den Zuhörer vor unserem inneren Auge.
- Er zeigt uns den äußeren Rahmen der Szene: Zeit, Räume, Umgebung, Atmosphäre.
- Er leitet Auseinandersetzungen ein, führt zu einer Wendung der Ereignisse oder zu einer Veränderung in der Beziehung der Sprechenden

- Finden Sie bei sich einen Dialogsatz, der keine dieser Funktionen erfüllt, streichen Sie ihn!

Ein akzeptabler Dialog könnte beispielsweise so aussehen:

»Abend!«, nuschelte er, als er sich an den gemeinsamen Abendtisch setzte. Sophia hatte mal wieder Lasagne gekocht. Er hatte das schon an der Haustür gewusst.
»Na, wo warst du denn heute?«, fragte sie, als sie sich den Pfeffer von der anderen Tischseite nahm.
»Heute? Ich?« Jürgen sah von seinem Teller auf und begann zu überlegen, was sie wohl meinte.
»Na, wir wollten doch zusammen zur Pränataldiagnostik!«
Jürgen sah sie an: »Ach, stimmt, ja.«
»Jürgen, das kann nicht sein, dass du dich nicht für unser Kind interessierst!«
»Aber … ich hatte doch den ganzen Tag Termine!« In einer Mischung aus Schuldbewusstsein und Ärger starrte er sie an.

Nach der Sprechakttheorie kann Gesprochenes unabhängig vom sprachlichen Inhalt verschiedene Bedeutungen haben, die unterschiedliche Handlungen provozieren. Zum Beispiel kann der Satz »Es ist gleich dunkel« kontextabhängig Drohung, Versprechen, Aufmunterung und Vertröstung sein. Diese über den reinen sprachlichen Inhalt hinausgehenden Bedeutungen müssen vom Autor immer mitgedacht werden. Es geht im literarischen Dialog nicht um die klare, direkte und inhaltlich eindeutige Antwort auf eine Frage. Es geht eher darum, schon in der Antwort **die ganze Situation** der Beteiligten einzuschätzen, zu reflektieren und über die womöglich einfache und banale Frage hinauszugehen, also einen Schritt zu überspringen und dem Leser auf gewitzte Weise schnell die nächste Information zu präsentieren. Achten Sie einmal in Ihrem Alltag auf indirekte Nebenaussagen, bei denen es gar nicht um den eigentlichen sprachlichen Inhalt geht. Sie werden schnell fündig werden!

Die Dialogsprache sollte sich von der Erzählersprache durch Knappheit, Dynamik und in begrenztem Maße auch durch umgangssprachliche Einsprengsel absetzen. Hier muss nicht alles ausformuliert sein; **Kürze** kann für einen Autor ein kreativer Spielplatz der besonderen Art sein.

Achten Sie darauf, dass die verschiedenen Redeanteile nicht zu lang sind, so dass aus dem Dialog keine Aneinanderreihung von Monologen wird. Diesen fehlt es nämlich an Lebendigkeit und Dynamik. Wenn eine Ihrer Figuren mehr als andere mitzuteilen hat, weil sie die entscheidenden Informationen besitzt, kürzen Sie ihren Redeanteil, indem Sie die Informationen indirekt in einem Absatz Erzählbericht wiedergeben, wie es Robert Hültner in *Am Ende des Tages* (137) getan hat:

> *»Beim Schwaiger Schorsch warst schon? Was hat er eigentlich dazu gemeint?«*
> *»Er hat mich rausgeschmissen.«*
> *Sie nickte geringschätzig. Das sähe ihm ähnlich. Er habe Ignaz Rotter nie gemocht und auf ihn herabgeblickt, weil dieser vor seiner Hochzeit nur ein schlecht bezahlter Fuhrknecht gewesen war und tatsächlich kaum mehr als den Käse zwischen seinen Zehen gehabt hatte. Er habe Rotter sogar einmal vor aller Ohren vorgeworfen, seine entfernte Cousine nur aus Berechnung geheiratet zu haben. Dabei sei die Wahrheit, dass der Schwaiger selbst gehofft hatte, dass das Mädchen ledig bliebe und ihre bereits hinfälligen Eltern den Hof ihm, dem zwar nur weitschichtig, aber immerhin Verwandten, übertragen würden.*

Dialoge müssen nicht immer korrekt ausformuliert sein. »Wir haben uns aber lange nicht mehr gesehen« lässt sich wunderbar durch »Lange nicht gesehen« abkürzen, wenn man derlei Floskeln überhaupt verwenden will. Es geht wieder einmal nicht um langweilige Vollständigkeit, sondern Pointiertheit.

Die direkte Rede ist normalerweise in den Zeitformen Präsens und Perfekt geschrieben. Denn nur bei wenigen – wichtigen – Verben verwenden wir in der gesprochenen Sprache das Präteritum (zum Beispiel *er kam, wir waren*).

Vierzehn Punkte, worauf Sie beim Schreiben von Dialogen achten müssen

1. Verwenden Sie nonverbale Kommunikation. Legen Sie nicht nur die Rede dar, sondern geben Sie auch Mimik, Gestik und Handlung als Teil des Gesprächs wieder. Lockern Sie die wörtliche Rede durch scheinbar belanglose Dinge auf: ein Husten, einen Schluckauf, einen Blick in eine bestimmte Richtung. Sie können auch Gedanken und Gefühle des Erzählers über seinen Gesprächspartner einflechten. Beschreiben Sie zur Situation passende Geräusche, Gerüche, optische Eindrücke oder scheinbare Belanglosigkeiten, die beim Leser ein Gefühl von der Situation hervorrufen.
2. Individualisieren Sie die wörtliche Rede!
3. Verschiedene Menschen reden – selbst innerhalb eines kleinen Ortes – auf verschiedene Weise. Ein Arzt spricht anders als eine Richterin, ein Polizist anders als ein Verkäufer. Sie sollten also überlegen, welche Redeweise zu welcher Ihrer Figuren passt. Figuren sollten sprachliche Eigenheiten haben. Das können sein:
   - eigentümliche Lieblings- oder Hasswörter (auch Fremdwörter),
   - zurückhaltende (Hauptsätze) oder ausführliche Redeweise (Bandwurmsätze),
   - übertrieben höfliche (konsequentes Siezen) oder zynische Redeweise (konsequentes Duzen),
   - schlechtes oder gewähltes Deutsch,
   - feine oder nachlässige Aussprache.
4. In Rainer Dohs *Mordkap* wird das reflektiert und die Figur folgendermaßen charakterisiert: »Nerven wie Stahlseile war einer von Leipolds bevorzugten Ausdrücken; an seiner früheren Dienststelle im BKA hatte jemand eine Liste seiner Lieblingsredensarten und -begriffe geführt. Zwei DIN A4-Seiten waren es geworden.« (Doh 41f.) Sinnvoll kann es also sein, die sprachlichen Eigenheiten einer Figur durch den Erzähler oder eine andere Figur kommentieren

lassen. Ein Running Gag, die stete Wiederholung einer witzigen Formulierung, wirft ein satirisches Licht auf eine Figur und verankert sie dadurch gleichzeitig auf positive Weise im Gedächtnis des Lesers. Ist es eine wichtigere Figur kann man den Gag am Ende pointiert umdrehen und verändern. Dies unterstreicht die Entwicklung der Figur.

5. Streichen Sie Füllwörter, die Menschen in realen Dialogen verwenden, weil sie gerade unsicher oder noch am Überlegen sind, wie sie bestimmte Dinge formulieren. Beliebte Füllwörter/Formulierungen sind beispielsweise:
   - »Ich sage mal …«
   - »Ich sage dir, …«
   - »Ich wage zu behaupten«
   - »Ich weiß nicht, was du davon hältst, aber ich …«
   - »Ich weiß nicht, was ich davon halten soll«
   - »weißt du«
   - »tatsächlich«
   - »eigentlich«
   - »im Grunde«
   - »wie auch immer«
   - »wie dem auch sei«
6. Reduzieren Sie Dialekte.
7. Schreiben Sie keinen Regionalkrimi, empfiehlt es sich nur im Ausnahmefall, Dialogteile in von der Hochsprache abweichenden Schreibweisen zu schildern. Dialekt kann den Lesefluss stören, wenn er zu stark präsent ist. Der Leser muss sein Lesetempo extrem verlangsamen, um hinter die Bedeutung zu kommen. Das macht hin und wieder Spaß, aber nur hin und wieder. Wenn doch Dialekt verwendet wird, dann nur bei einer unwichtigen Nebenfigur oder einem Statisten, auf keinen Fall bei einer Hauptfigur!
8. Vermeiden Sie Ausrufewörter (Interjektionen), zum Beispiel: ach, nein, Quatsch, huch, äh, ne, gut, echt, super, naja, tja …
9. Würzen Sie Dialoge mit einer Prise Humor! Viele Leser mögen Bücher mit Witz. Es reicht ja, wenn eine Figur amüsant daherkommt,

10. Reduzieren Sie inquit-Formeln (»sagte", »fragte", »antwortete«, »entgegnete", »erwiderte« etc.), soweit es die Verständlichkeit zulässt, der Leser also den Überblick behält, wer was sagt. Seien Sie flexibel und variieren Sie dabei! Verwenden Sie aber nur Verben des Sagens und Meinens. Handlungsverben funktionieren hier nicht, denn sie beinhalten keine mündliche Äußerung. »›Er kommt noch‹, blickte er sie an« ergibt keinen Sinn. Entweder man redet, oder man blickt. Mischen Sie auch keinen Erzählerbericht mit einer nicht zusammenhängenden Äußerung und trennen Sie die Aussagen nicht sinnentfremdend, zum Beispiel »›Er kommt noch‹, Frank begann die Schubkarre aus der Remise zu holen, ›nach Pfaffenhausen, meinte er‹«.
11. Vermeiden Sie Echos, Wiederholungen von Fragen:
    - A: »Ist da jemand unter der Dusche?«
    - B: »Ja, da ist jemand unter der Dusche.«
12. Reduzieren Sie übermäßige namentliche Anrede auf ein Minimum, um dem Leser die Orientierung bei den Sprechenden zu erleichtern:
    - »Hast du einen Schlüssel, Mark?«
    - »Leider nicht, Tanja«
13. Überkommentieren Sie die Dialoge nicht, indem Sie eine direkte Aussage vom Erzähler permanent durch mehrzeilige Erläuterungen ergänzen! Vertrauen Sie auf die direkte Rede und lassen Sie den Dialog für sich sprechen! Insbesondere sollten Sie vermeiden, im Kommentar Informationen aus dem Dialog zu wiederholen. Auch hier gilt: Belassen Sie Lücken im Puzzle, die der Leser für sich selbst schließen kann. Nicht alles muss sofort klar sein. Verraten Sie nicht zu viel! Das nimmt die Spannung.
14. Lassen Sie konfliktreiche Dialoge hin und wieder auch in der Öffentlichkeit austragen! Durch die Präsenz Dritter gewinnt der Austausch an Bedeutung und womöglich Peinlichkeit für die Beteiligten. Der oder die Unbekannten können sich auch in das Gespräch einschalten und dem Ganzen so mehr Dynamik und Dramatik bzw. Witz verleihen.

ÜBUNG

Lesen Sie Ihre Dialoge. Ersetzen Sie alle »sagte, fragte« durch andere Varianten. Was bewirkt die Veränderung?

1. Schreiben Sie einen Dialog eines Ermittlers mit einem Verdächtigen, der einem Ihnen unbekannten Milieu entstammt.
2. Schreiben Sie eines Ihrer Kapitel als Theaterstück oder Hörspiel, also nur mit Dialog und Bühnenanweisungen.

12. Von den Sinnen: Sprache im Krimi

> »*Wenn es so etwas gibt wie eine Ökonomie der Prosa, dann hat sie vor allem mit Reduktion zu tun. In den uninteressanten Büchern findet man andauernd Sätze, die der Vollständigkeit halber dastehen. Wenn ein Autor die Nase einer Figur braucht, muss er nicht erzählen, welche Haarfarbe sie hat.*«
>
> (Jurek Becker)

Wahrscheinlich haben Sie diesen Slogan schon einmal gehört. Die bekannteste Regel des Kreativen Schreibens lautet – auf Englisch – »**show, don't tell!**« Sie soll zum ersten Mal von dem englisch-amerikanischen Schriftsteller Henry James formuliert worden sein. Zeigen, nicht erzählen! Dem Autor sollte es demnach darum gehen, eine Geschichte vor dem inneren Auge des Lesers sichtbar werden zu lassen und ihr filmische **Anschaulichkeit** zu verleihen. Der manchmal abstrakt kommentierende Erzählerbericht aus dem »Off« tritt zu diesem Zwecke hinter Beschreibung, Handlung und Dialog, das »On« zurück.

Eine Geschichte ist zwar etwas, das manchmal der Erklärung bedarf. Der Leser möchte jedoch nicht den Eindruck haben, es werde wie in einer Inhaltsangabe oder einem Pitch schnöde zusammengefasst und erläutert. Er erwartet ein **Erlebnis**, will selbst miterleben, sich »ein Bild machen«. Es geht darum, konkret, wortgewandt und nicht allgemein oder abstrakt zu schreiben.

Verwenden Sie für Ihre Beschreibungen Details, die an die Sinne appellieren: Sehen, Geräusche, Klänge, Berührungen und Geschmack – und vielleicht auch noch den »sechsten Sinn« – geben dem Leser

Bilder vor, die sofort aufscheinen und sich im besten Fall dauerhaft bei ihm festsetzen. Lassen Sie Ihre Figuren sich stets in einem konkreten Raum bewegen und mit dieser Umgebung interagieren. Darin kann sich auch ihre innere Bewegung ausdrücken. Lassen Sie den Leser vermuten, was die Figur durch bestimmtes Agieren sagen möchte. Nicht alles muss immer ausgesprochen werden.

Zusammengefasst wird häufig bei der zeitlichen **Raffung**, insbesondere bei der Schilderung von etwas, das vor der Haupthandlung geschehen ist, also einer Vorgeschichte. Doch die zum Hauptstrang gehörende und unentbehrliche Vorgeschichte sollte am besten nicht zusammengefasst, sondern in Form einer Rückblendenszene, gern auch mehreren, gezeigt werden. Hierbei sollten alle Regeln, die für szenisches Erzählen gelten (s. Kapitel 10), eingehalten werden, sonst laufen Sie Gefahr, den Leser auf ihrer Zeitreise im Limbus zu verlieren. Eine Alternative zur Rückblende ist ein Dialog, in dem die vergangenen Geschehnisse rekapituliert werden.

Beispiele für sinnliches Schreiben

Schreiben Sie also nicht: »Sie sah, wie er gehen wollte« (aus ihrer Perspektive kann sie auch nicht wissen, was er will), sondern »Sie sah, wie er vom Tisch aufstand«. Man könnte allgemein und schnörkellos erklären »Er legte sich ins Bett und schlief ein«. Bildlicher wäre aber »Er ließ sich wie eine Kerze auf das gemachte Bett fallen und schlief in voller Montur ein.« Freilich könnte man formulieren »Er setzte sich auf die Bank und beobachtete die Menschen«. Sinnlicher wäre aber »Er stöhnte, als er sich auf die eiskalte Bank aus Metallgittern in der Bahnhofshalle niederließ. Als hätte jemand in einen Bienenstock gestoßen, flirrten die Menschen auf allen Seiten an ihm vorbei.« Möglich wäre diese allgemeine Beschreibung: »Sie legte eine Platte auf und hörte der Musik zu.« Anschaulicher wäre allerdings »Sie hatte den Klassiker von Frank Sinatra schon auf den Lippen, bevor die Platte noch einen Seufzer von sich gegeben hatte. Kurz wartete sie und summte dann leise die Melodie von »My Way« mit. Bilder von damals schoben sich vor ihr inneres Auge.«

Wie man sieht, ist die anschaulichere Methode auch die **umfangreichere**. Wenn Sie also auf Seite einhundertfünfzig den finalen Punkt Ihres Romans setzen und Ihnen das etwas wenig erscheint, kann das daran liegen, dass Sie nicht genügend gezeigt und bebildert haben. Dann wirkt Ihr Manuskript vielleicht eher wie eine Exposé oder eine Treatment eines Films, aber nicht wie ein Roman. Diesem Punkt sollten Sie dann bei Ihrer Überarbeitung besondere Aufmerksamkeit schenken. Auf der anderen Seite sollten Sie vielleicht doch ein paar Raffungen einfügen, wenn Sie bei Ihrem Debüt-Krimi auf achthundert Seiten kommen. Auch hier gilt der aristotelische Rat: die Mitte macht's.

Achten Sie auch auf die **gleichmäßige Dichte** der Beschreibung! Wenn Sie den ersten zentralen Schauplatz mit einer halben Seite beschreiben, sollten Sie das mit den weiteren auch tun. Üblicherweise bemisst der Leser die Wichtigkeit von Dingen, Orten oder Figuren an dem Ausmaß ihrer Beschreibungen. Verwenden Sie also nicht zu viel Raum auf die Darstellung bestimmter Dinge oder Figuren, die für die Handlung irrelevant sind. Es geht schließlich auch um Ökonomie. Es sollte keine drei Seiten dauern, bis Ihre Figur vom Haus zum Auto gelangt ist. Die Beschreibung außergewöhnlicher Dinge, Orte oder Figuren bietet eine gute Möglichkeit, die Aufmerksamkeit des Lesers zu täuschen. Allerdings sollte das später aufgeklärt werden.

Ihr Text besteht im Idealfall aus einem abwechslungsreichen Reigen aus **Handlung**, **Beschreibung** und **Erzählerbericht** beziehungsweise Reflexion.

1 Handlung bedeutet äußere Bewegung und Interaktion der Figuren, aber im weitesten Sinne auch Dialog.
2 Beschreibung erschafft dem Leser Bilder, aber auch Geräusche, Geschmäcker, Gerüche und Tastgefühl der Figuren und Orte, mithilfe derer er das Geschehen in seiner Vorstellung ablaufen lässt.
3 Erzählerbericht ist für uns, die wir möglichst bildliche, filmische Texte suchen, die hässliche Schwester der ersten beiden Teile. Wir brauchen sie, aber lieber wenden wir uns den anderen zu. Ich empfehle dem debütierenden Krimiautor, diesen Anteil am Text und damit auch den Erzähler so zurückhaltend wie möglich zu gestal-

ten, bei maximal einem Viertel Ihres Textes. Die geraffte Darstellung von Handlung ohne die Einbeziehung der Sinne und die Reflexion, Introspektion und kommentierende Einordnung von Geschehenem sollte nur der Leim sein, der die Bilder zusammenhält.

Raffungen und Zusammenfassungen sind hilfreich, wenn

- wir dem Leser bei einen Szenenwechsel kurz die Bewegungen (»fuhr von Ort A nach Ort B«) und zeitlichen Veränderungen (»Er blieb über Nacht bei ihr«) anzeigen
- wir längere Zeiträume kürzen, zum Beispiel »Die nächsten Tage holte Sophia ihn am Vormittag ab und sie erledigten verschiedene Arbeiten auf dem Feld.«
- Erzähler ihre Handlungen und Äußerungen kommentieren. Wir brauchen das, um Hintergrundinformationen einzufügen und Figuren regelmäßig emotional und intellektuell einzuordnen. Auch der Kommentar zum Dialog gehört dazu. Damit lernen wir das Geschehen und die Figuren besser zu verstehen. Häufig decken Anfänger dabei zu früh und zu häufig die Gefühle ihrer Figuren auf, bewerten andere Figuren zu schnell und verraten Dinge zu früh. Führen Sie neue Figuren nur im Ausnahmefall zusammen mit klar positiven oder negativen Zuschreibungen ein und beschreiben Sie erst einmal neutral!
- eine Figur schon Erwähntes gegenüber einer anderen Figur wiederholen muss und der Inhalt dann einfach zusammengefasst wird.

Adjektive und Adverbien

Manche Autoren neigen dazu, viele Adjektive und Adverbien zu verwenden, weil sie sicher gehen wollen, alle möglichen Bedeutungen abgedeckt und nichts vergessen zu haben, was der Leser wissen sollte. Das ist verständlich, aber wie alles, was mit Vollständigkeit zusammenhängt, leider nicht der beste Weg zum Erfolg. Auch hier ziehen wir Pointiertheit vor. Sonst verschwimmen nämlich die Bedeutungen und die Beschreibungen geraten unscharf, das Lesetempo wird verlangsamt. Zudem sind Adjektive und Adverbien **allgemein und abstrakt**, dabei suchen wir beim Lesen das Konkrete, denn uns geht es hier nicht um Philosophie oder Wissenschaft.

Sieben Tipps zur Verwendung von Adjektiven und Adverbien

1. Unproblematisch sind Adjektive zumeist im prädikativen und äußerlich beschreibenden Gebrauch, also in Verbindung mit dem Verb *sein*, zum Beispiel «Ihr Haar war rot«.
2. Versuchen Sie vor allem bei gleichzeitiger Verwendung von Adjektiven und Adverbien eines davon zu streichen, das wichtiger oder passender im Kontext ist. zum Beispiel: »Der Mann lief breitbeinig über die Straße« statt »Der große Mann lief breitbeinig über die breite Straße«.
3. Zu großer Zurückhaltung rate ich bei Adjektiven und Adverbien, die **Spannung und Dramatik** vermitteln sollen. Spannung und Dramatik vermitteln wir lieber über Handlung und Beschreibung. Dazu gehören zum Beispiel »lauernd«, »gespannt«, »fieberhaft«, »tränenüberströmt«, »erstaunt«, »entsetzt«. Damit sollten wir ganz vorsichtig umgehen!
4. Adjektive werden oft falsch als Substantiversatz verwendet, zum Beispiel ist kindliche Gewalt keine Gewalt von Kindern, sondern an Kindern.
5. Vorsicht mit Steigerungen oder **Superlativen**! Verwenden Sie sie sparsam und überlegen Sie, ob es von demjenigen Adjektiv überhaupt eine Steigerung geben kann (zum Beispiel sorgenfrei, schwarz, exklusiv)!
6. Streichen Sie vor Adjektiven: »sehr«, »ziemlich«, »mäßig«. Das wirkt umgangssprachlich und ungenau.
7. Verwenden Sie Adjektive oder Adverbien unbedingt, wenn sie Spannung erzeugen (»ein merkwürdiger Blick«), zu einem notwendigen Bild oder einer Metapher gehört (»mit einer eleganten Drehung«), einen konkreten Ort angeben (»der hintere Ausgang«) oder eine wichtige Information vermitteln (»der blaue Schalter«).

Gefühle ausdrücken

Gefühle von Figuren auszudrücken gehört zu den schwierigsten Aufgaben eines Autors. Häufig gerät der erste Versuch zu kitschig und **abgegriffen**. Mein erster Tipp ist hier, lieber zu wenig als zu viel zu beschreiben. Verlassen Sie sich wie bei der äußeren Beschreibung zunächst auf die wenigen griffigen Wörter, die Sie hierfür verwenden!

Zunächst jedoch: wie macht man es nicht? Viele Autoren verfallen ins Klischee, wenn es zu Gefühlen und für den Krimi typischen dramatischen Momenten kommt. Oft verwenden sie dann übermäßig **Nominalisierungen** und körperliche Ausdrücke. Beispiele für eine Nominalisierung wären »Ein Gefühl des Erschreckens stieg in ihr auf.«, »Sie verspürte große Unruhe.« oder »Das Unbehagen in ihr wurde stärker.« »In ihrem Gesicht stand die Furcht.« Oder »Sie konnte keine Bedrohung entdecken.« Diesem Nominalstil mit typischen Nomen wie »Erschrecken«, »Unbehagen«, »Bedrohung«, »Angst«, »Beklemmung«, »Befürchtung«, »Schauder« etc. ist eigentlich nur mit »Grau(s)en« zu begegnen.

In eine zunächst sinnvolle Richtung geht dagegen der Versuch, Gefühle über **Körperliches** auszudrücken. Zum einen haben Gefühle oft einen körperlichen Ausdruck, zum anderen ist es unser erklärtes Ziel anschaulich zu schreiben. Doch leider ist unser Körper beschränkt und liefert uns nicht allzu viele Möglichkeiten, uns originell auszudrücken. Viele Autoren vor uns haben den Körper als **Steinbruch für Gefühle** erfolgreich ausgebeutet, so dass uns heute vielfach nur abgenutzte Ausdrücke übrig geblieben sind. Einige davon haben es sogar in den alltäglichen Wortschatz geschafft.

Zwölf Ausdrücke, die wir lieber nicht verwenden

1 »ihr drehte sich der Magen um«,
2 »zog die Augenbrauen nach oben«,
3 »mit weit aufgerissenen Augen«,
4 »ihr Herz schien bis in den Hals hinein zu schlagen«,
5 »das Blut gefror ihr in den Adern«,
6 »in ihrem Gesicht stand geschrieben«,

7 »Angstschweiß trat auf seine Stirn«,
8 »sein Körper bäumte sich auf«,
9 »ihr zog es den Boden unter den Füßen weg«,
10 »wie ein Schlag in die Magengrube«,
11 »mit feuchten Händen«,
12 »ihr sträubten sich die Haare« etc.

Insbesondere die Gefühle einer Perspektivfigur zu beschreiben, also aus dem Inneren der Figur heraus, nicht nur das Äußere interpretierend, ist eine Herausforderung, wenn man keine alltäglichen, abgegriffenen Ausdrücke verwenden will. Versuchen Sie also am besten, insbesondere den Perspektivfiguren eine jeweils individuelle Form zu geben, in der sich ihre Gefühle ausdrücken. Überlegen Sie sich gleich zu Beginn bei der Konzeption der Figuren, welche ungewöhnlichen **Ticks, Macken** und äußeren Eigenheiten die Figuren haben könnten. Diese sollte dann nur diese eine Figur besitzen. Wie reagiert sie beispielsweise auf schockierende Nachrichten? Wie freut sie sich? Wie extrovertiert ist sie? Denken Sie auch negativ: welche Besonderheiten hat sie nicht?

Ein guter Weg, Gefühle in eine Figur zu legen, ist es, im betreffenden Moment einen Vergleich mit einer anderen Erfahrung anzustellen. Eine **Erinnerung** oder ein Gegenschnitt mit einer früheren Szene gibt dem Leser ein sinnliches, anschauliches Bild des aktuellen Gefühls und erzählt ihm gleichzeitig etwas aus der Geschichte dieser Figur, zum Beispiel »Als Sophia Peter sah, musste sie unwillkürlich an ihre Begegnung im Fitnessstudio im letzten Jahr denken, als Peter die Hantel auf die Schulter gefallen war und er vor aller Augen angefangen hatte zu weinen. Wieder sah er sie mit diesem wehmütigen Blick an«.

Vergessen Sie auch nicht die **Umgebung** der Figur! Wie interagiert sie mit ihr? Welchen Eindruck macht der Ort auf sie? Häufig kann man eine Figur über den Ort beschreiben, an dem sie wohnt oder arbeitet. Ein für sie neuer Ort kann so beschrieben werden, dass der Leser daraus die Gefühle der Figur entnehmen kann. Unbekannte Orte können die Figur auch auf neue Gedanken bringen, ihr neue Motive verleihen und ihr Handeln so unerwartet beeinflussen.

Sieben Tipps zur Verwendung von Sprache im Krimi

1 Wichtig für das Zeigen ist die Fähigkeit sich gut, genau und differenziert in der deutschen Sprache ausdrücken zu können. Verwenden Sie grundsätzlich ein breit gefächertes Vokabular! Wenn Sie nicht gleich auf ein Wort, das Sie suchen, kommen, überlegen Sie und nehmen Sie sich Zeit! Das ist es wert. Legen Sie sich ein Synonymwörterbuch neben den Laptop oder den Papierstapel! Konsultieren Sie Google, Lexika oder Wikipedia! Haben Sie keine Angst, dass Sie Ihre Leser überfordern könnten. Die wissen mehr als Sie denken.

2 Versuchen Sie die allgemeinen Verben *sein* und *haben* durch konkretere zu ersetzen: »Marie steht an den Herd gelehnt« statt »Marie ist in der Küche«. »Gabi hält eine Pistole in der Hand« statt »Gabi hat eine Pistole«.

3 Flechten Sie in Ihren Text Leitmotive ein, die auf eine auch entfernte Weise mit einem Aspekt oder dem Thema des Romans verknüpft sind. Diese Leitmetapher taucht dann – wie ein *Running Gag* – einige Male, in verschiedenen Phasen im Roman auf und veranschaulicht nach und nach unterschiedliche Situationen des Protagonisten und seiner Begleiter. Die Metapher kann ein Bild für Ihr Thema oder gar Ihren Roman abgeben, sollte aber nicht zu platt gewählt sein. Leitmotive halten den Text zusammen. Dabei kann es sich zum Beispiel um ein Ding aus einer vergangenen Periode der Figur handeln oder ein Geschenk einer befreundeten Person oder ein Objekt der Hoffnung, zum Beispiel ein alter Baum, ein (Haus)Tier, ein Bild, einen Brief, ein Essen, das bestimmte Assoziationen hervorruft.

4 In der Erzählerrede sollten Sie möglichst wenig andere Figuren und Handlungen bewerten sowie auf stilistische Extreme verzichten: Derbes, Beleidigungen, Fremdwörter, Dialekt, syntaktische Eintönigkeit, Fragen, Ausrufe, Phrasen, Floskeln gehören nicht

hierher, sonst ist der Leser schnell von der erzählenden Figur abgestoßen und legt das Buch beiseite. In direkter Rede dagegen kann sowohl stilistisch als auch inhaltlich viel Wildes eingebaut werden: verrückte Thesen, subjektive ästhetische Bekundungen, ungehaltene Sprache, Fremdwörter, Dialekt, Fragen, Ausrufe …

5 Autoren sind Buchstabenmenschen, wir brauchen kaum Zahlen! Beschreiben Sie stattdessen mit Wörtern! Nicht: »es waren 28°C und fast 100 % Luftfeuchte«, sondern: »Sophia schwitzte, dass sie glaubte nicht genug trinken zu können.« Nicht: »Im Raum waren sieben Personen, fünfzig hätten hineingepasst«, sondern »der Saal war kaum gefüllt«.

6 Generell sollten Sie zurückhaltend mit Bildsprache umgehen. Das kann schnell manieriert, bemüht und künstlich wirken, wie in diesem Beispiel: »Einem Blitz gleich war ihm die Essenz der Situation ins Bewusstsein geschossen«. Dennoch dürfen Sie bei der Beschreibung Ihrer Figuren pointiert übertreiben, zum Beispiel »Max kam am nächsten Tag mit einer Löwenmähne in die Bar.«

7 Vermeiden Sie Personifizierungen von Dingen! Dinge leben nicht, basta! Häufig versuchen Autoren so poetisch und kunstvoll zu wirken, was aber prompt schief geht. Also lieber nicht: »In eine Ecke des Marktes hatte sich eine kleine Wirtschaft gezwängt« oder »Der Baum lugte hinter dem Haus hervor«.

ÜBUNG

1. Lesen Sie Ihre Texte. Wo haben Sie erklärt und zusammengefasst? Prüfen Sie, ob diese Texte in eine zeigende Situation umgewandelt werden können.
2. Nehmen Sie ein Notizbuch überallhin mit. Notieren Sie Ihre Eindrücke von Situationen.

13. Hilfe, mir fällt nichts mehr ein!

»Wenn du nicht weiter weißt,
musst du einen Kerl mit einer Kanone durch die Tür kommen lassen.«
(Raymond Chandler)

Ihnen fällt nichts Interessantes, Spannendes, Dramatisches für die Handlung in einer Szene ein?

Sieben Tipps, wenn Sie nicht mehr weiter wissen

1 Gehen Sie nach dem Ausschlussverfahren vor: was kann nicht als nächstes kommen, was passt nicht zu den handelnden Figuren?
2 Führen Sie eine neue Nebenfigur (Verwandter, Kollege, Nachbar o. Ä.) ein!
3 In welchem Szenario könnte unser Held von außen herangetragen in eine Situation kommen, in der er anderen helfen will und muss?
4 Stellen Sie sich das Schlimmste vor, dass ihrer Erzählfigur in diesem Moment passieren könnte (bei der Fahrschein-Kontrolle erwischt werden, das Portemonnaie gestohlen bekommen, eine Autopanne haben, das Fenster wird von Hagelkörnern eingeschlagen …)
5 Welche schlimme Botschaft könnte in dieser Szene ein Bote bringen? (Es muss kein Hut und Handschuhe tragender Kurier auf dem Pferd sein, eine WhatsApp-Nachricht tut es auch.)
6 Ihnen fällt keine geeignete Mordtechnik oder kein Motiv ein? Lesen Sie den aktuellen Polizeibericht ihrer Region in der Zeitung oder im Internet! Was stellen die Kriminellen bei Ihnen vor der Haustür gerade so an? Lesen Sie True Crime-Bücher von wahren Ermittlern (s. Inhaltsverzeichnis). Hier erzählen Profis von ihren

Problemen. Je schwieriger es für sie war, einen Fall zu lösen, desto interessanter für Sie. Welche kriminelle Taten, Maßnahmen und Motive sind hier gerade aktuell?

7 Machen Sie mal was Verrücktes, assoziieren Sie! Schauen Sie aus dem Fenster, denken Sie an eine Handlung, eine Szene, einen Ort, eine Figur, einen Mord oder Ähnliches und lassen Sie Ihre Gedanken freien Lauf: Welche Wörter, Wortverbindungen, Bilder fallen Ihnen ein? Geht die Handlung weiter, wie ist der Gesichtsausdruck der Figur, welche Lichtverhältnisse herrschen an dem Ort? Das Gleiche funktioniert auch mit einem Stift vor einem Blatt Papier, wenn Sie sich jeweils auf einen Begriff konzentrieren. Notieren Sie alles, was Ihnen spontan dazu einfällt. Am Ende machen Sie sich einen Kaffee und überlegen, wie die neuen Wörter, Begriffe und freien Assoziationen Ihnen weiterhelfen können. Manchmal kann eine auf den ersten Blick verrückte Verbindung einen entscheidenden Schlüssel beherbergen. Wichtig hierfür ist, Unlogisches, Unbewusstes und Unstrukturiertes zuzulassen. Meistens denken wir zu sehr in eingefahrenen Bahnen. Das kann uns bisweilen von sehr guten Autoren unterscheiden.

Üben Sie das!

14.
Spannung erzeugen, nur wie?

»Autoren sind Quälgeister. Ein Psychotherapeut bemüht sich Stress, Spannung und Druck abzubauen. Autoren sind keine Psychotherapeuten. Ihr Ziel ist es, beim Leser Stress, Spannung und Druck zu erzeugen. Tatsache ist, dass Leser diese Dinge, die ihnen im Alltag verhasst sind, in der Literatur lieben. Solange ein Autor diese Tatsache nicht akzeptiert, wird es ihm schwer fallen, in seinen Werken bewusst Situationen herzustellen, in denen der Leser eine solche Spannung empfindet.«

(Sol Stein: *Über das Schreiben*)

Spannung wird aus einer Mixtur von Wissen und Nichtwissen erzeugt. Doch am Anfang steht die Identifikation bzw. gebannte Faszination des Lesers von einer Figur und ihrer problematischen Situation. Der Leser muss aufgrund seiner emotionalen Anteilnahme wissen wollen, was in dem Konflikt mit ihr geschieht und er darf gleichzeitig nicht genug wissen, um diese Fragen beantworten zu können.

Im Krimi sollte an jeder Stelle irgendeine Spannung herrschen. Krimileser sind Adrenalinjunkies. Sie sollten darum besorgt sein, dass der Täter keine Gewalttat begeht, dass dem vermeintlichen Opfer nichts geschieht und dass der Ermittler dem Täter recht bald auf die Spuren kommt. Wie schafft man das nun als Autor?

Neunundzwanzig Tipps, wie Sie die Spannung erhöhen

1. Bedrohen Sie! Auf der Handlungsebene kann der Protagonist (oder eine Nebenfigur) durch eine bekannte oder unbekannte Kraft bedroht werden, der es sich zu erwehren gilt. Vielleicht denkt er ja auch nur, dass er bedroht wird? Womöglich geht es – in einem

humorvollen Szenario – auch nur um die extrem nervige Schwiegermutter und ihren Besuch?

2. Spannung kann auch die Begegnung mit einer unbekannten Figur auslösen, die sich entweder aggressiv oder geheimnisvoll verhält oder ein Versprechen bedeutet, das später eingelöst werden könnte.
3. Sofortige Spannungsauslöser sind Opfer von kriminellen Handlungen, tot oder lebendig.
4. Steigen Sie in die Täterperspektive ein, damit der Leser »live« bei der Tat, ihrer Vor- oder Nachbereitung dabei sein kann.
5. Werfen Sie neue Probleme auf, bevor die alten gelöst sind. Der Protagonist kämpft einen »Vielfrontenkrieg«.
6. Fügen Sie Ungewöhnliches, Merkwürdiges in die Handlung ein, das Sie aber nicht gleich, sondern verzögert erklären. Dabei kann es sich um Personen, Dinge oder auch Verhaltensweisen handeln. Später können Sie diese teils als Banalitäten aufklären, die aber auch zur Lösung des Falls führen.
7. Der Leser sollte jede und jeden verdächtigen. Eine Verdächtigung kann man zum Beispiel der Hauptfigur in die Gedanken legen: »Die Szene in Sophias Büro ging ihm nicht aus dem Kopf.« Womöglich haben ja auch einige Figuren einiges zu verheimlichen – nur nicht unbedingt immer einen Mord.
8. Verwenden Sie Waffen aus dem Arsenal des Unheimlichen! Schaffen Sie Situationen, die jeder fürchtet (allein, nachts, einsame Parkplätze/-häuser, fremde Stadtteile, wilde Tiere etc.). Lassen Sie Ihre Leser sich gruseln!
9. Dramatisieren Sie! Die Gefahren, die auf unseren Helden einprasseln, sind extrem. Sein Leben gleicht einem Hering im Haifischbecken. Die Gegner sind äußerst mächtig, seine Chancen gering.
10. »Lass ihn hängen" – der Cliffhanger der verzögerten Aufklärung: Ein Mann hängt an einer Klippe und kann sich kaum noch festhalten. Der Leser, der Mitgefühl mit ihm hat, aber vielleicht auch ein wenig das Spektakel sucht, will jetzt wissen, ob der Mann fällt oder gerettet werden kann. Solange die Figur in dieser Position ist, hält die Spannung des Lesers an. Also ziehen wir die Aufklärung über

den Ausgang der Situation so lange wie möglich hinaus. Das tun wir, indem wir den Mann in der Situation verlassen und einfach die nächste Szene oder das nächste Kapitel anschließen, in dem ein anderes Figurenensemble an einem anderen Schauplatz gezeigt wird. Erst nach dieser Szene kommen wir wieder auf den Mann an der Klippe zurück, der hoffentlich genügend Ausdauer hat. Schauplatzwechsel mitsamt Figurenwechsel auf dem Höhepunkt sind also generell hilfreich, weil sie dem Leser verschiedene Konflikte abwechselnd vor Augen führen und den jeweils abwesenden Konflikt zum Pausieren zwingt. Wir können nun mal nicht an allen Orten gleichzeitig sein, und das ist gut so!

11. Wenden Sie diese Verzögerungstechnik nicht nur beim Übergang von einem Kapitel zum anderen an. Sobald der Leser eine wichtige neue Information erwartet, verlangsamen Sie das Tempo. Fügen Sie Erläuterungen, Rückblenden oder Beschreibungen ein, bevor Sie die entscheidenden Dinge verraten!
12. Verraten Sie dem Leser Dinge, die unser Held noch nicht weiß, so dass er gespannt auf dessen Reaktion wartet, wenn er damit konfrontiert wird.
13. Lassen Sie zunächst offen, wer »gut« und »böse« ist. Ziehen Sie dies später wieder in Zweifel! Vielleicht ist die gute Figur gar nicht gut, die böse gar nicht böse? Niemand ist der, der er vorgibt zu sein!
14. Überlegen Sie regelmäßig, was der Leser als nächsten Handlungsschritt erwartet. Überraschen Sie ihn dann mit dem Gegenteil!
15. Hetzen Sie die Figuren! Die Figuren sollten ständig hyperaktiv, in Eile und unterwegs sein.
16. Lassen Sie die Bombe ticken! Geben Sie den Figuren nur eine beschränkte Zeit, um ein Problem zu lösen. Die Figuren müssen pausenlos auf ihre Uhr schauen, um ja nichts zu verpassen.
17. Neben dem Hauptspannungsbogen, der erst am Ende des Textes aufgelöst wird, sollte es auch kurz aufflackernde Spannungsmomente geben, die dem Leser gemeinsam mit den Haupt- und Nebenfiguren hier und da im Text, verteilt über wenige Szenen oder Kapitel, konzentriert Schauer über den Rücken jagen

18. Benutzen Sie in moderatem Maße dramatisierende Wörter wie »plötzlich«, »auf einmal«, »horchte auf« etc., um kurzzeitig die Geschwindigkeit der Handlung zu beschleunigen.
19. Verwenden Sie in Maßen Vorausdeutungen (à la »Ich glaubte nicht, dass es noch schlimmer kommen konnte. Dabei hatte ich keine Ahnung.«). Eine konkrete Vorahnung muss der Realität in punkto Dramatik entsprechen und darf nicht ins Leere laufen.
20. Lassen Sie den Protagonisten vor einer Auseinandersetzung eine Ahnung haben, die er aus einem Zeichen ableitet, das er zu lesen weiß, weil er erfahren, aufmerksam und sensibel ist und sich in der betreffenden Umgebung gut auskennt.
21. Lassen Sie eine Figur etwas vergessen. Sie leidet unter Amnesie und kann sich nicht erinnern, was geschehen ist. Entweder ist der Gedächtnisschwund pathologisch, einer Schwangerschaft geschuldet oder die Auswirkung von K.O.-Tropfen oder eines simplen Katers.
22. Wenden Sie Hemingways Eisberg-Theorie der Aussparung und Verknappung an: »Wenn ein Prosaschriftsteller genug davon versteht, worüber er schreibt, so soll er aussparen, was ihm klar ist. Wenn der Schriftsteller nur aufrichtig genug schreibt, wird der Leser das Ausgelassene genauso stark empfinden, als hätte der Autor es zu Papier gebracht. Ein Eisberg bewegt sich darum so anmutig, da sich nur ein Achtel von ihm über Wasser befindet.«
23. Folgen Sie der »alte[n] Hollywood-Regel: ›Keine Erklärungen, außer unter Druck, und auch dann sofort abbrechen!‹ (Was bedeutet, dass eine Fall-Erläuterung immer von irgendeiner Handlung begleitet sein muss und dass sie nicht auf einmal, sondern in kleinen Dosen kommen soll.)« (Chandler 75)
24. Eine Verdächtigung unseres Detektivs oder Hobby-Ermittlers durch die Polizei (*Der Malteser Falke*) erhöht die Spannung und die Aufmerksamkeit des Lesers. Ist der Protagonist womöglich selbst kriminell?
25. Details! Vorausdeutende Details über Dinge, Orte oder Figuren machen den Leser neugierig, weil er ihre Bedeutung herausfinden

möchte. Lassen Sie die Figuren gleichzeitig verdächtige Details wahrnehmen, ohne sie aufzulösen, zum Beispiel »Ein Geräusch ließ ihn herumfahren. Aber dann konnte er nichts erkennen.« oder »War ihm der Mann mit dem schwarzen Jackett bis hierhin gefolgt?«

26. Die Erwähnung von Waffen erzeugt Spannung beim Leser: Werden sie noch verwendet? Wenn ja, von wem?
27. Halten Sie einige Sätze lang die Identität der neuen Figur in der Szene zurück, so dass der Leser überlegen muss, um wen es sich handeln könnte. Das wirkt geheimnisvoll. Später müssen Sie natürlich den Schleier heben und die Figur enttarnen.
28. Blicke machen nervös! Lassen Sie die Figuren (zum Beispiel während des Dialogs) sich gegenseitig kritische, distanzierte, irritierte, drängende Blicke zuwerfen.
29. Geheimnisse! Der Leser braucht immer fehlende Puzzleteile zu verschiedenen Puzzles. Wenn es an einer Stelle keins gibt, haben Sie einen Fehler gemacht. Erst so spät wie nur irgend möglich werden alle Teile zusammengefügt. Dann kann der Leser das Buch auch zuklappen. Halten Sie Informationen zurück: Warum tut er das? Was ist geschehen? Wann war das? Wo ist die Figur? Ist die Figur gefährlich bzw. gefährdet?

15.
Muss ich wirklich recherchieren?

Ja! Auch wenn Sie meinen, über ein solides Allgemeinwissen zu verfügen: Kein guter Text kommt ohne durch Recherchieren erlangtes **Fachwissen** aus: Orte, Milieus, Berufe, Interessens- und Beschäftigungsgegenstände der Figuren dürften von den Ihren teilweise weit abweichen. Der Leser möchte aber trotzdem in verständlicher und glaubhafter Form erfahren, womit die Figuren sich beschäftigen und in welchen Welten sie sich bewegen. Wenn es dabei um ein Thema geht, das ihn interessiert und angeht, will er vom Autor auch gern neue oder aktuelle Dinge lernen. Er verlässt sich auf den Autor seines Buches, dass die fachlichen Informationen, die hier vermittelt werden, Hand und Fuß haben und dem letzten Stand der Wissenschaft entsprechen. Er vertraut dem Autor. Lassen Sie ihn nicht im Stich und recherchieren Sie vor Ort, in der Bibliothek, in Interviews und im Netz! Suchen Sie Experten, Themenliebhaber und Betroffene auf und tauschen Sie sich mit ihnen aus!

Wenn Leser Wissenslücken beim Autor erkennen, werden sie ihn das wissen lassen und das wird keine sehr gemütliche Autor-Leser-Begegnung, glauben Sie mir.

Patricia Highsmith unterhielt beispielsweise extra für ihren Roman *Die gläserne Zelle* einen Briefwechsel mit einem Gefängnisinsassen.

> »Einmal forderte ich ihn auf, mir einen Bericht »Mein Tag« zu schicken, eine Beschreibung seines Tagesablaufs von morgens früh, wenn er erwachte oder geweckt wurde, bis abends zum Lichterlöschen. Er sandte mir daraufhin einen dreiseitigen interessanten Bericht, maschinengeschrieben, der mir noch heute viel wert ist. Er berichtete von der Beziehung zu seinem Zellen-

> genossen – sie veralberten einander, richtige Kumpel waren sie nicht –, von seiner Arbeit in der Schuhwerkstatt, wo er Absätze an Sohlen nagelte; von dem, was es zum Frühstück, Mittagessen und Abendbrot gab, von den Geräuschen im Zellenblock nach dem Lichterlöschen um halb zehn. Es waren Informationen, die einem kein Buch verschaffen kann.« (Highsmith 99f.)

Wichtig sind natürlich polizeitechnische Prozesse. Nicht nur für Ermittler-Krimis sollte man sich bei der regionalen Polizeisprecherstelle informieren, wie die alltägliche professionelle Ermittlungsarbeit vonstattengeht: Spurensicherung, Verwaltungsarbeit etc. Die meisten Stellen der Kriminalpolizei im deutschsprachigen Raum stehen solchen Anfragen offen gegenüber.

Haben Sie einen Experten, also zum Beispiel einen Tiefbauingenieur, Jäger oder Professor, im Text, dann lassen Sie ihn ruhig einige Sätze Fachkauderwelsch sprechen. Das macht Eindruck und bildet im besten Fall. Bauen Sie ihn in einen Dialog mit einem Fachfremden ein, der das gleiche Wissensniveau wie Ihre Leser hat. Er übersetzt dann jeweils die Fachsprache in Allgemeinsprache.

16.
Titel und Überschriften

Natürlich braucht ein Krimi auch einen spannenden Titel. Dieser stellt eines der wichtigsten Marketinginstrumente dar und wird deswegen zumeist vom Verlag entschieden. Manche Bücher verkaufen sich fast nur wegen ihres guten Titels, die anschließend zu geflügelten Worten werden, wie beispielsweise *Ich bin dann mal weg* oder sind einprägsam wie *Darm mit Charme*. Häufig verwenden Lektoren und andere Verlagsmitarbeiter enorm viel Zeit für das Titel-Brainstorming.

Dennoch sollten Sie sich für Ihre Bewerbung bei einem Verlag oder einer Literaturagentur auch selbst Gedanken machen. Immerhin sind Sie der Autor und kennen den Inhalt Ihres Buches am besten. Manchmal eignen sich auch besondere Gegenstände, Orte oder Themen dafür, die in Ihrem Roman vorkommen, aber nicht unbedingt eine zentrale Rolle spielen müssen.

Ein guter Titel sollte idealerweise:

- gut klingen (zum Beispiel durch eine Alliteration),
- zum Inhalt passen,
- das zentrale Thema und Genre vermitteln,
- neugierig machen,
- nicht zu lang sein (je länger, desto schwerer ist er vom Käufer zu erinnern),
- nicht zu viel verraten.

Beispiele für Krimititel:

Heilstod: Ein Krimi aus dem Bayerischen Wald
Schafsfeuer: Ein neuer Fall für Marga Stadler

Überlegen Sie sich auch einen Untertitel wie in den hier genannten Beispielen. Bei einer Serie sollten die verschiedenen Titel aneinander angelehnt sein.

Was für Buchtitel gilt, gilt grundsätzlich auch für Kapitelüberschriften. Der einzige Unterschied ist, dass Sie hier auch Zahlen verwenden dürfen. Für den schnellen Krimi bieten sich vielleicht eher Zahlen an, für den etwas gemächlicheren und eher literarischen wohl eher Überschriften, die sich frei auf den Inhalt des jeweiligen Kapitels beziehen.

17.
Überarbeiten

»Die erste Fassung ist immer Mist.«
(Ernest Hemingway)

Wenn Sie den letzten Punkt in Ihrem Manuskript gesetzt haben, machen Sie eine Pause und denken an komplett andere Dinge. Fahren Sie in den Urlaub! An die Ostsee! Mindestens zwei Wochen lang! Es geht nun darum, Abstand zum eigenen Text zu erlangen, um anschließend möglichst objektiv bewerten und korrigieren zu können.

Dann lesen Sie noch einmal den ganzen Text. Dabei korrigieren Sie kapitelweise die im Folgenden genannten Problemzonen. Sie können sich den Text auch vorlesen (oder vorlesen lassen, zum Beispiel mit einem Text-to-Speech-Programm) und hören, ob er so klingt, wie Sie es sich vorstellen.

Rechtschreibung

Rechtschreibung und Zeichensetzung sind wichtig, damit alle Leser am Ende das Gleiche verstehen. Es gibt einen gewaltigen Unterschied zwischen den Sätzen »Komm, wir essen, Opa« und »Komm, wir essen Opa«. Rechtschreibfehler sind banal und unnötig und unter Ihrer Würde. Auch wird kein Lektor Ihr Manuskript wegen ein, zwei Fehlern im Manuskript ablehnen. Aber zu viele davon können dem Ganzen einen Schaden zufügen, den Sie nicht wieder gutmachen können.

Satzbau ungewöhnlicher

Belassen Sie es generell lieber bei der klassischen Satzstellung Subjekt – Prädikat – Objekt (SPO)! Die Satzstellung ist nicht egal. Zögern Sie also nicht, diesbezügliche Unregelmäßigkeiten zu korrigieren.

Beispiel: »Er hat ihm das Paket geschickt.« statt »Das Paket hat er ihm geschickt.«

Weg mit Überflüssigem: Phrasen, Füllwörter, Vorurteile und Klischees

Vermeiden Sie Allgemeinplätze, Floskeln, Phrasen! Wir alle verwenden Phrasen in der freien Rede, um Zeit zum Verfassen von Sätzen zu gewinnen. Wir verwässern damit aber den schriftlichen Text:

Auch Klischees, ausgeleierte Wendungen oder Vorurteile möchte niemand – zumindest nicht unkommentiert in Erzählerrede – lesen. Stattdessen möchte er eine schöne, literarische, kreative und möglichst einzigartige Sprache vorfinden.

Beispiele für Klischees

- Wessi-Männer tragen gern weiße Pullover um den Hals.
- Bösewichte und attraktive Frauen kommen aus Osteuropa.

Nationale/Religiöse Vorurteile

- Deutsche sind blond und groß.
- Juden sind geldbesessen.

Abgedroschene Phrasen

Viel verwendete Redewendungen, Redearten und Metaphern nutzen sich schnell ab. Lieber einfacher und nüchterner ausdrücken!

- die böse Schlange,
- weibliche Rundungen,
- Freitag, der 13.,
- eisige Kälte,
- wie vom Erdboden verschluckt,
- wo die Reise endet,
- Panik stieg in ihr auf,
- ehe er sich versah,
- nahm sie in Augenschein,
- wie es der Zufall wollte,

- Ihre Begeisterung hielt sich in Grenzen.
- Meine Erinnerung war wie ausgelöscht.
- Das Schicksal machte uns einen Strich durch die Rechnung.
- Das Leben schreibt die verrücktesten Geschichten.

Füllwörter

Füllwörter sind Wörter, die wir wie Phrasen oder Floskeln verwenden, um uns Zeit zum Formulieren zu geben. In Texten benötigen wir sie also nicht.

Hier finden Sie eine Auswahl kinderundjugendmedien.de/images/pdf/Fuellwoerter.pdf

Im Internet finden Sie auch diverse Tests künstlicher Intelligenz, bei denen Sie Füllwörter in Ihrem Text erkennen lassen können, zum Beispiel: http://www.philognosie.net/index.php/tests/testsview/135/

Schachtelsätze *oder* wenn Matrjoschkas schreiben könnten

Schachtelsätze zeigen nicht, dass Sie als Autor die deutsche Sprache gut beherrschen, sondern verwirren den Leser. Am besten schreiben Sie variabel, vor allem Hauptsätze und hin und wieder einmal einen Nebensatz.

Abschweifungen *oder* was wollte ich eigentlich sagen?

Gehört jeder Handlungsstrang, jede Szene in Ihr Manuskript? Überprüfen Sie gut und streichen Sie knallhart jede unnötige Abschweifung, in der Sie einem Ihrer Lieblingsthemen nachgegeben haben. Natürlich ist das deutsche Bildungssystem ein faszinierendes und würdiges Diskussions- und Studienobjekt. Nur nicht in Ihrem Krimi! Alles hat seinen Platz. Und *so* komplex kann Ihr Kriminalfall dann auch wieder nicht sein, dass alles hineinmüsste!

Nominalstil: Unterdrücken Sie den Beamten in sich!

Nominalstil, also die Bevorzugung von Substantiven gegenüber Verben, unterscheidet Beamte von Schriftstellern. Er ist einfach kein Bestandteil schöner Literatur und wird es nie sein. Er ist statisch, umständlich und bürokratisch. Höchstens erlaubt, um Routineaktivitäten darzustellen (zum Beispiel »das tägliche Leeren des Papierkorbs«).

Unpersönliche Redeweise *oder* um wen geht es hier eigentlich?

Nominalstil korrespondiert mit unpersönlicher Redeweise. Die Handlung wird dabei an eine nicht genannte Instanz delegiert. Das widerspricht aber einer der wichtigsten Regeln des Kreativen Schreibens, alles so persönlich wie möglich zu gestalten. Eliminieren Sie also die Wörtchen »man« und »es« so oft es geht. Beispiel: »Der Arbeiter hatten die Straße verbarrikadiert.« statt »Man hatte die Straßen verbarrikadiert.« und »Mir war klar, dass sie nicht kam« statt »Es war mir klar, dass sie nicht kam«.

Die Wortart der Indefinitpronomen hat sich das Unpersönliche auf die Fahnen geschrieben. Indefinitpronomen sind zum Beispiel alles mit irgend-, manch-, jede- etliche, jemand, man. Sie ahnen es schon: dieser Wortart sollten Sie als Autor den Krieg ansagen. Sie hat in unseren Texten nichts zu suchen und ist allein des Bürokraten Liebling.

Das Passiv wird von Ihnen lieber nicht geschrieben

Das Passiv neigt wie Substantive zu Statik und Umständlichkeit. Es eliminiert die handelnden Personen. Keine dieser Eigenschaften suchen wir für unseren Text. Also »Sophia schaltet den Computer ein« statt »Der Computer wird von Sophia eingeschaltet.«

Monotonie *oder* die ewige Wiederkehr des Gleichen

»Sie trug ein Tennisoutfit und eine schmale Lederhandtasche. Sie blickte auf die Straße und setzte einen Schritt vor den anderen. Sie dachte an gestern und kaute auf ihrer Unterlippe.« Monotonie kann sich in unseren Satzbau, Wortwahl und Inhalt einschleichen. Versuchen Sie, jeden Satz zu variieren, im Satzbau und im Vokabular! Beginnen Sie nicht alle Sätze mit mit »Es …« oder »Der …«, »Die …«, »Das …«!

Fremdwörter sind dem guten Autor fremd

Fremdwörter haben wie Fachjargon ihre Berechtigung an ausgewählter Stelle, um die Sach- und Fachkunde einer Figur zu untermauern und dem Leser Einblick in neue Wissensbereiche zu ermöglichen. Darüber hinaus benötigen wir sie nicht. Der wahre Schriftsteller beweist sein Können ohne Fremdwörter.

Beschreiben und erläutern Sie dem Leser wahrscheinlich unbekannte Begriffe gleich, nachdem Sie sie eingeführt haben, nicht erst fünfzig Seiten später!

Adjektive und Adverbien: noch so eine unnütze Wortart

Sehen Sie ein Adjektiv oder Adverb, das Sie streichen können, ohne dass die Bedeutung des Satzes darunter leidet? Dann tun Sie es!

Plusquamperfekt *oder* wer hatte das geschrieben gehabt?

Das Plusquamperfekt brauchen wir für Rückblenden und generell bei Geschehnissen, die vor der Erzählzeit stattfinden. Bei einem Rückblick reicht es meistens, den ersten Satz im Plusquamperfekt zu formulieren, den Rest dann weiter im Präteritum/Imperfekt.

Beispiel: »Damals hatte er nicht den Mut aufbringen können. Er stolperte in das Abenteuer wie ein Teenager in eine Liebesgeschichte und zog augenblicklich die Notbremse.«

Haben Synonyme die gleiche Bedeutung?

Stellen wir uns einmal vor, Sie hätten in Ihrem Deutschaufsatz Folgendes geschrieben: »Sophia fuhr zur Apotheke. Anschließend fuhr sie in den Biomarkt.« Das zweite *fuhr* hätte Ihnen Ihr Deutschlehrer sicherlich rot unterstrichen und an den rechten Rand ein W für Wiederholung geschrieben. Wortwiederholungen auf engstem Raum werden im Allgemeinen als unschön erachtet. Um sie zu vermeiden, ist es gut, auf Synonyme zurückzugreifen.

Aber Vorsicht, genau an dieser Stelle lauert die Synonymfalle. Denn erstens herrscht bei den üblichen verdächtigen Synonymen manchmal akuter Klischeealarm und zweitens ist nicht alles, was auf den ersten Blick so aussieht, wirklich ein Synonym. Hier gilt es Nuancen und Sprachregister zu beachten. Die Arbeit mit dem Synonymwörterbuch kann hilfreich sein, um herauszufinden, welches Wort für meinen Schauplatz, für meine Figur am besten passt, aber wenn Sie eines wählen, sollten Sie es auch gut kennen und seinen Gebrauch einschätzen können.

Wenn Sie nicht sicher sind, belassen Sie es bei der Wiederholung! Die Synonymfalle schlägt zu, wenn Sie statt einfacher Pronomen oder Namen klischeehafte oder falsche Begriffe verwenden, also beispielsweise versuchen, jemanden, der schon eingeführt wurde, als »der Unbekannte«, »ihr junger Begleiter«, »der Allgemeinmediziner« oder »der junge Mann« zu beschreiben. *Keep it simple!*

Sehen Sie die Arbeit mit dem Synonymwörterbuch jedoch auch als Inspiration an, Figuren oder Handlungen weiterzuentwickeln! Wählen Sie aus Ihrem Thesaurus, der Ihnen ca. 25 Synonyme zum Verb *fahren* zeigt, eins heraus. Wie wäre es mit »brauste«? Sie erkennen natürlich sofort, dass »brausen« nicht dasselbe bezeichnet wie »fahren«. Es einfach zu ersetzen, verändert den Text auch inhaltlich. Also überlegen Sie, ob »brausen« nicht vielleicht sogar besser zu der Szene in Ihrem Kopf passt. Hat Sophia es gerade eilig? Warum? Und passt das Verb in seiner Leichtigkeit und Spritzigkeit überhaupt zu Sophia? Wie ist Sophia? All diese konstruktiven Fragen kann der Blick in das Synonymwörterbuch aufwerfen.

Über Geschmack muss man nicht streiten

Äußern Ihre Figuren häufig Geschmacksurteile? Finden sie dies oder jenes schön oder hässlich, gut oder schlecht? Verlieren sie Sätze wie »Ich liebe diese grünen Kleiderbügel« oder »iPhones sind nicht so mein Ding«? Davon abgesehen, dass man Kleiderbügel normalerweise nicht lieben kann, sondern wenn überhaupt nur mögen, interessieren derlei modische oder befindliche Äußerungen Leser oft nicht besonders. Sie sind einfach nicht sonderlich ausdrucksstark. Lieber streichen!

Unnötige Vorsilben zu vergeben

Sprache besteht aus Moden, zum Teil aus jahrhundertealten. Manchmal kommen und gehen sie, manchmal bleibt etwas von ihnen in unserer Sprache zurück. Als jemand, der sich tiefer mit Sprache beschäftigt, sollten Sie etwas vorsichtiger damit umgehen. Trends bedeuten nämlich nicht immer Verbesserung, indem sie zum Beispiel stärker differenzieren helfen, sondern häufig einfach nur das Alte in neuer Form. Vorangetrieben werden sie von der Wirtschaft und neuerdings auch der Politik, die uns alten Wein in neuen Schläuchen verkaufen wollen, anstatt sich die Mühe zu machen, neuen Wein zu erfinden. So etwas nennt man Redundanz. Häufig verwenden sie hierfür in letzter Zeit Vorsilben, die an altbekannte Wortstämme angehängt werden, ohne dass es Not täte. Beispiele hierfür sind: abändern, abklären, anmieten, aufspalten, aufzeigen, proaktiv.

Deus ex Machina, bitte hilf!

Soll am Ende des Manuskripts der Held aus dem von außen abgeschlossenen Zimmer ohne Fenster vor dem Hungertod gerettet werden, alle anderen Figuren sind aber schon ums Leben gekommen? Dann haben Sie ein Logikproblem und Ihnen fehlt eine Figur. Der Deus ex Machina rettet Sie leider nicht, wenn Ihnen am Ende der dringend nötige Handlungsumschwung fehlt. Die plötzliche Befreiung der Hauptfigur aus dem Nichts ist deswegen bedauerlicherweise ausgeschlossen.

Ein Hauch von Nichts *oder* wozu sind eigentlich Absätze und Leerzeilen da?

Absätze und Leerzeilen sind die großen Unterschätzten bei vielen Autoren. Einige meinen sogar ganz ohne sie auszukommen. Das halte ich zumindest bei Krimis für keine gute Idee. Absätze sind ein großartiges Instrument der Tempobeschleunigung oder -verlangsamung und der Anzeige einer Richtungsänderung. Je mehr Absätze Ihr Text hat, desto schneller wird er – oder andersherum, desto langsamer. Ja, manchmal besteht ein Absatz auch nur aus einem Satz. Ihre Seiten sollten jeweils mindestens einen Absatz besitzen, besser mehr. Konkret benötigen wir Absätze beim Wechsel von Beschreibung zu Handlung, sobald sich das Personal in einer Szene ändert sowie vor und nach:

- Sprecherwechsel (in direkter Rede)
- Perspektivwechsel von einer Figur zur anderen
- Zeitenwechsel (Vor- oder Rückblenden)
- Ortswechsel

Anders als Absätze sind Leerzeilen vom jeweiligen Layout abhängig. Es gibt heute viele Bücher, die komplett ohne Leerzeilen auskommen, auch weil einige Selfpublisher-Anbieter von vornherein Leerzeilen ausschließen. Wenn Sie aber die Freiheit haben, verwenden Sie Leerzeilen vor und nach neuen Szenen, Perspektivwechseln und Rückblenden mit neuem Personal.

Hoppla, meine Perspektive hat gewechselt!

Nicht immer schaffen wir es, in einer Szene durchgängig unsere Erzählperspektive beizubehalten. Haben Sie aus Versehen einmal eine Erzählperspektive eingenommen, die nicht geplant war? Häufig geschieht es, dass Autoren ohne es zu bemerken, aus der personalen Perspektive in die allwissende abgleiten, also dem Leser ein Wissen vermitteln, dass die Figur, aus der heraus erzählt wird, gar nicht haben kann. Dann muss diese Information von einer anderen Perspektivfigur wiedergegeben werden. Das Gleiche kann bei der Ich-Perspektive passieren. Hier sollten Sie überlegen, woher Ihr Ich-Erzähler das Wissen beziehen könnte.

Auch geschieht es manchmal, dass Sie sich als Autor zu stark mit Ihrem Ich-Erzähler identifizieren. Doch passen dann noch alle Äußerungen und Handlungen des Ich-Erzählers zusammen oder gehen hier Charakteristika von Ihnen ein, die nicht zum Ich-Erzähler gehören?

Weiterhin können Sie überprüfen, ob bei der allwissenden und personalen Erzählperspektive alle perspektivtragenden Figuren ausreichend charakterisiert sind und genügend Platz bekommen, um »rund« zu sein. Wenn nicht, streichen sie die, bei denen das nicht der

Fall ist und schlagen Sie deren Erzählanteil gegebenenfalls den anderen Figuren zu.

Wiederholen Sie manchmal das Gleiche?

Geben Sie Informationen, die der Leser schon hat? Weg damit! Der Leser erinnert sich an alle entscheidenden Fakten, die Sie im Laufe des Buches gegeben haben. Er hat ein großartiges Gedächtnis, unterschätzen Sie das nicht! Fakt ist, der Leser lechzt nach Neuem, Neuem und nochmals Neuem!

Leiden Sie auch unter Kommatose?

Gehören Sie auch zu den Autoren, die Angst vor Punkten haben? Schreiben Sie häufiger Sätze über mehrere Zeilen, die mit mehr als drei Kommas bestückt sind? Dann trennen Sie die Teilsätze und machen mehrere ganze Sätze daraus. Übersichtlichkeit ist ein Charakteristikum, das Leser favorisieren.

Pronomen sind auch nur Nomen

Achten Sie auf unklare und doppeldeutige Formulierungen und Beschreibungen, zum Beispiel durch Verwendung von Pronomen: »Hans und Dieter waren zu Hause. Er hatte gerade gekocht.«

Sitzen die Präpositionen?

Manchmal verwenden selbst Muttersprachler, wenn sie schnell formulieren, falsche Präpositionen. Dann heißt es »Die Tränen liefen ihr durch das Gesicht« statt »Die Tränen liefen ihr über das Gesicht.« Oder »Sie kam an ihr Haus« statt »Sie kam nach Hause«.

Alles logisch, oder was?

Prüfen Sie logische Fakten: Finden Sie Widersprüche? Hat der Protagonist immer diesen gelben Citroën mit dem kaputten linken Außenspiegel gefahren? Hat er in der nächsten Szene auch den blauen Schal um den Hals? Gibt es Handlungswidersprüche? Falls Sie fündig werden, machen Sie sich nichts draus. Sie sind in bester Gesellschaft. Im ersten

Buch von Arthur Conan Doyles Sherlock-Holmes-Figur, *Eine Studie in Scharlachrot,* geht Watsons Kriegsverletzung auf eine Kugel zurück, die seine Schulter durchschlug. Im zweiten, Das Zeichen der Vier, ist es das Bein, das leiden musste.

Die Szene hätte es nicht gebraucht

Prüfen Sie am Ende ihres Schreibprozesses an allen Szenen, was passiert, wenn Sie sie weglassen. Kann der Leser die Leerstelle mit seiner Fantasie ausfüllen und versteht dennoch die restliche Handlung? Dann lassen Sie sie draußen! Oder fehlt dann eine wichtige Motivation für eine Handlung, eine Information, die der Leser unbedingt braucht? Dann lassen Sie sie drin!

Wo kann man sich hier orientieren?

Achten Sie besonders im Erzählerbericht darauf, dass der Leser sich immer orientieren kann. Verwenden Sie also lieber keine *deiktischen* Begriffe, die nur in Bezug auf die aktuelle Situation des Sprechers Sinn ergeben, wenn Sie den Leser von dieser Situation nicht in Kenntnis gesetzt haben. Als problematisch können sich Adverbien wie hier und dort, jetzt und damals, vorher und nachher, hinüber und herüber erweisen, wo der Bezugspunkt dem Leser unklar bleibt. Beispiel: Er ging hinüber und sah auf seine Schuhe.

Selber kürzen ist schwer

Selber kürzen ist schwer, aber notwendig. Manchmal bemisst sich die Qualität eines Werks an der Menge seiner herausgestrichenen Seiten. Tun Sie sich also an dieser Stelle keinen Zwang an und streichen Sie beim Überarbeiten mindestens zehn Prozent! Vielleicht helfen Ihnen dabei ja diese historischen Meilensteine des Kürzens:

1. Bei der Bearbeitung eines 50-zeiligen Gedichts von Ingeborg Bachmann kürzt Bertolt Brecht es auf sechs Zeilen herunter.
2. T. S. Eliot kürzt sein eigenes Lang-Gedicht »The Waste Land« auf 19 Seiten, dann gibt er es seinem Freund Ezra Pound, der es wiederum um fast die Hälfte kürzt. Heute ist es Weltliteratur.

Ende gut? Alles gut!

Verschwenden Sie nicht zu viel Zeit auf die Überarbeitung! Sicher könnte man mehr und mehr Stunden darauf verwenden, aber die haben Sie nicht. Sie haben sich schon eine geraume Zeit mit dieser Aufgabe beschäftigt. Das muss reichen. Jetzt setzen Sie einen Schlusspunkt und wenden sich Ihrem neuen Projekt zu. Sicher wird das *noch* besser!

18.
Der Krimi ist fertig – und nun?

»Ich brauche mir bloß ein Manuskript an den Kopf zu hauen, dann weiß ich, ob es was für mich ist.«
(Ernst Rowohlt)

Alle Autoren kommen auch nach dem x-ten Überarbeitungsprozess irgendwann einmal zum letzten Punkt. Doch was nun? Will das überhaupt jemand lesen? Na aber sicher doch! Jetzt gilt es keine falsche Bescheidenheit vorzuschützen! Sie haben sich so lange damit beschäftigt, dass Sie ganz ohne Zweifel der einzig wahre Experte und Fachmann auf dem Gebiet sind, das Sie da gerade beackern.

Für Sie kommen nun drei Kanäle in Frage, die Ihnen den Zugang zum Verlag und/oder Leser ermöglichen, denn darum geht es ja. Nur welcher ist der beste?

Der Königsweg

Verlage suchen Manuskripte, die:

- auf kompetente und zeitgemäße Weise ein aktuelles gesellschaftliches Thema behandeln (also nicht schon tausende Male durchgenudelte Probleme wie Organhandel in Osteuropa, Arbeitsplatzverlust oder Neonazis). Welches aktuelle Thema? Schauen Sie in die Zeitung oder in Ihr E-Paper! Beobachten und lesen Sie neue Krimierscheinungen! Recherchieren Sie dazu! Überlegen Sie, ob Ihre Handlung auch im 20. Jahrhundert spielen könnte. Wenn ja, ändern Sie das Thema!

- rund und nicht überambitioniert sind, also nicht zur Hälfte einen Liebes- oder Coming-of-Age-Roman oder Ähnliches darstellen. Gern gesehen sind gerade angesagte Subgenres wie True Crime, Cosy Crime, Noir, historischer Krimi, Urlaubskrimi etc.
- spannend sind, d. h. bei denen der Leser nicht schon auf Seite zwanzig weiß, wer der Mörder ist.
- den Leser mit dem Protagonisten mitfühlen lassen und ihn nicht abschrecken, weil der Held nicht realitätsnah erscheint oder nicht zur Identifikation einlädt.
- Humor haben.
- in einer Sprache verfasst sind, die vielfältig und abwechslungsreich ist.

Sie sind bekannt im ganzen Land und haben exquisite Kontakte zu Presse und Verlagen. Sie gehen mit diesem Lektor, jener Literaturkritikerin und dem und dem Marketing-Verantwortlichen regelmäßig Mittag essen. Dann sollten Sie Ihr Manuskript einem oder mehreren dieser Menschen geben, die exklusiven Zugang zu den wichtigsten Türstehern für Bücher haben: den Lektoren. Gefällt Ihr Buch einem Lektor, wird er sich im Verlag dafür stark machen; damit haben Sie den wichtigsten Schritt genommen. Akzeptiert der Verlag, also zumeist der Verleger und/oder der Cheflektor Ihr Buch, dann offerieren diese Ihnen einen Vertrag. Nachdem der unterzeichnet ist, geht Ihr Manuskript an den Lektor oder einen Mitarbeiter im Lektorat, der Ihnen seine Vorschläge für die Überarbeitung des Manuskripts macht. Das ist dann nicht der richtige Moment, um Stolz und Selbstbewusstsein zu demonstrieren. Zeigen Sie sich stattdessen demütig und lernbereit, denn wahrscheinlich können Sie hier wirklich noch etwas dazulernen. Etwa ein halbes bis anderthalb Jahre später wird Ihr Buch das Licht der Welt erblicken und hoffentlich viele weitere Auflagen erleben.

Weniger herausfordernd als oben beschrieben ist der Zugang zu einem Verlag, der stark auf ein Subgenre spezialisiert oder auf eine bestimmte Region ausgerichtet ist. Wenn Sie der Meinung sind, dass Ihr Manuskript zu einem dieser Verlage passt, dann könnte es sich auch ohne persönlichen Kontakt lohnen, es dort anzubieten. Im Folgenden finden Sie eine Tabelle, die derlei Spartenverlage darstellt:

Subgenre Ihres Krimis	Passender Verlag
Regionalkrimis	Emons Verlag, Gmeiner Verlag, KBV, CW Niemeyer Buchverlage, jeweilige Regionalverlage (ars vivendi, be.bra Verlag, edition Oberkassel. Haymon Verlag, Mitteldeutscher Verlag, Silberburg Verlag etc.)
Polit-Krimis	Ariadne Verlag, Edition Nautilus
Horror-Krimis	Pulpmaster Verlag, Festa Verlag
Noir-Krimis	Polar Verlag, Pendragon Verlag
True Crime	Eulenspiegel Verlag, Gmeiner Verlag

Der einfache Weg

Sie kennen nicht diesen oder jenen Lektor? Sie haben noch keinen Verlag kontaktiert? Dann wenden sie sich an Literaturagenturen! Literaturagenturen haben einen breiteren programmatischen Zugang zu Manuskripten als Verlage, was Ihre Chancen auf Wohlgefallen erhöht. Auch Agenturen haben bestimmte Profile, wobei sich heute aus wirtschaftlichen Gründen kaum eine Agentur dem Krimigenre verschließen kann. Zudem fungieren sie häufig nur als ein von Verlagen ausgelagertes Lektorat. Sie haben also etwa eine 60/40-Chance, nach einer Agenten-Zusage auch eine Lektoren-Zusage zu erhalten.

Sie sollten sich aber nur bei einer Literaturagentur bewerben, wenn Sie zuvor noch keinen Verlag angeschrieben haben, denn damit schmälern Sie natürlich die Erfolgschancen der Agentur, die ihre ganz eigene Strategie hat, wann welcher Verlag anzuschreiben ist. Die meisten Agenturen schlagen Manuskripte aus, die schon einem oder mehreren Verlagen angeboten wurden. Das gilt normalerweise auch für Überarbeitungen oder das gleiche Manuskript mit anderem Titel oder ähnlichen Schmu. Sie sollten an dieser Stelle immer mit offenen Karten spielen. Glaubwürdigkeit ist extrem wertvoll in unserem Geschäft.

Haben Sie Erfolg und Sie und die Agentur finden zusammen, wird Ihnen die Agentur im gegebenen Fall auch Verbesserungen an Ihrem

Werk vorschlagen, mit denen Sie Ihre Chancen beim Verlag erhöhen. Die seriöse Agentur nimmt im Erfolgsfall einer Vermittlung Ihres Manuskripts an einen Verlag eine Provision von 15 % netto von Ihrem Honorar. Vermeiden Sie Agenturen, wo Sie mehr zahlen müssen!

Bekommen sie etwa Bauchschmerzen bei diesem Betrag? Dann sollten Sie sehen, dass die Agentur meist ihre eigene Provision durch professionelles Verhandeln schon wieder wettmacht. Allein das Vertretenwerden durch eine Agentur nötigt Verlagen einen großzügigeren Honorarvorschlag ab, als wenn Sie allein mit dem Verlag verhandeln.

Auch hier unterzeichnen Sie einen Vertrag, der dieses eine Werk oder alle Ihre zukünftigen Werke beinhaltet. Wichtig ist, dass Sie den Vertrag auch schnell wieder kündigen können. Im Regelfall beträgt die Kündigungszeit nach Abschluss des Vertrags etwa drei bis zwölf Monate. Länger sollte sie nicht sein. Ist bis dahin nichts vermittelt worden, schulden Sie sich gegenseitig nichts. Allerdings werden Sie Ihr Manuskript nun nicht noch einmal einer zweiten Agentur anbieten können, denn die erste wird ja schon Verlage angeschrieben haben. Nur einzelne Verlage anzuschreiben ist für eine Agentur in der Regel nicht interessant.

Wenn Sie sich ohne Ergebnis von der Agentur trennen, können Sie sich von Ihrem Agenten die Verlage nennen lassen, die er kontaktiert hat. Dann haben Sie die Chance selbst noch einmal an andere Verlage heranzutreten, die Sie als aussichtsreich erachten. Wenn Sie sich von der Agentur trennen, obwohl die Agentur Erfolg hatte und Ihr Manuskript vermitteln konnte, bleibt die Agentur Ihr Ansprechpartner für die Abrechnung dieses Buches, verdient also bis zum Ende dieses Buches, d. h. bis zur Rückgabe Ihrer Rechte an Sie, mit. Es ist also ratsam, nicht gleich bei dem erstbesten Zwist das Tischtuch zwischen Ihnen zu zerschneiden.

Funktioniert Ihre Zusammenarbeit dagegen gut, dann hilft Ihnen die Agentur in allen Belangen des Schriftstellerlebens und steht Ihnen stets mit Rat und Tat zur Seite. Das kann Bewerbungen um Stipendien und Preise oder auch die Frage nach interessanten und aktuellen Themen oder Subgenres betreffen.

Sollten Ihre Bewerbungen bei Agenturen jedoch auf keinen fruchtbaren Boden fallen, dann halten Sie sich vor Augen, dass Lektoren und Agenten vielbeschäftigte Menschen sind, die nur wenig Zeit haben, in Manuskripte von nicht durch Kontakte empfohlenen Autoren hineinzulesen. Diesem Mangel an Zeit schulden sich sicherlich auch:

- 159 Absagen für Petra Hammesfahrs ersten Krimi
- 27 Absagen für Umberto Ecos *Der Name der Rose*
- 26 Absagen für James Pattersons ersten Krimi »The Thomas Berryman Number«

Der bekannte Autor und Lektor André Gide sagte nicht nur Marcel Proust, sondern auch Franz Werfel und Franz Kafka ab. Gides Absagebrief an Proust wurde 2013 bei Sotheby's für 145 000 Euro versteigert. Also: die eingehenden Absagen aufbewahren!

Nach Ihrer Bewerbung müssen Sie bei Verlagen im Anschluss mit etwa drei Monaten und bei Literaturagenturen mit ein bis zwei Monaten Wartezeit rechnen, bis Sie hier Antwort bekommen.

Der schwere Weg

Sie kennen keine Lektoren und trauen auch Literaturagenten nicht über den Weg? Sie sammeln von beiden nur Absagen ein? Dann werden Sie Selfpublisher! Veröffentlichen geht heutzutage auf diversen Plattformen so einfach wie noch nie. Sie brauchen sich so bei niemandem zu bewerben oder zu verkaufen. Auch finanziell kommen auf Sie erst einmal nur geringe Kosten zu. Und Krimis sind ein Genre, das im E-Book-Bereich, denn in diesem Bereich würden Sie vor allem verkaufen, recht beliebt ist.

Allerdings ist das Veröffentlichen nur ein Teil des Ganzen. Sie müssen als Selfpublisher selbst nun alle Funktionen übernehmen, die der klassische Verlag sonst verantwortet (auch finanziell):

1. Lektorat und Korrektorat
2. Dem Buch eine Gestalt geben (Coverdesign und Buchsatz)
3. Bücher vertreiben
4. Aufmerksamkeit beim Käufer gewinnen (mit Marketing, Presse, Veranstaltungen)

5. Lizenzen verkaufen
6. Buchhaltung
7. Sich juristisch absichern
8. Distinktion und Prestige erarbeiten

Mit Lektorat, Korrektorat und Cover kommen also doch noch einige Kosten auf Sie zu, die Sie – wie ein Verlag – vorschießen müssen. Marketing übernehmen die meisten Selfpublisher selbst, durch die einfache Handhabung der Sozialen Medien ist auch das heute von Ihrem Laptop zu Hause aus zu steuern.

Die größte Herausforderung beim Selbstveröffentlichen ist für Sie die gleiche, vor der jeder Verlag steht: Wie generiere ich für mein Buch Aufmerksamkeit bei den (richtigen) Käufern? Das Expertentum, das Marketing- und Kommunikationsabteilungen im Verlag besitzen, müssen Sie sich nun für Ihr Projekt aneignen. Das bedeutet letztlich, dass Sie ohne regelmäßige Anwesenheit in den Sozialen Medien eher nicht besonders erfolgreich sein werden, denn ohne besondere Maßnahmen und stete Erwähnung geht Ihr Buch in den Mengen der selbst verlegten Bücher unter. Schauen Sie sich also, bevor Sie loslegen, genau an, wie erfolgreiche Selfpublisher agieren und folgen Sie deren Spuren.

Als Selfpublisher sind Sie stark auf den digitalen Bereich angewiesen. Die meisten Bücher werden Sie als E-Book verkaufen. Print-Bücher bilden die Ausnahme und können von Ihnen selbst gut als Werbeexemplare verwendet werden, um beispielsweise Blogger zu überzeugen Ihr Buch zu besprechen. Die traditionelle Buchwelt bleibt Ihnen dagegen weitgehend verschlossen. Sie können zwar Ihren Buchhändler an der Ecke fragen, ob er ein, zwei Bücher von Ihnen ausstellt, aber auch wenn man Ihr Buch im Buchhandel bestellen kann, wird es kaum ein Buchhändler auslegen, selbst wenn Sie ihn persönlich darauf ansprechen.

Häufig ist die Schreib- und Veröffentlichungsgeschwindigkeit bei Selfpublishern eine höhere, weil man sich in der digitalen Welt bewegt. Da man hier kaum Vorlauf für eine Veröffentlichung benötigt, alles automatisch funktioniert und nicht wie im Verlag erst verschiedene Abteilungen sich in den Entstehungsprozess einschalten brauchen, könnte man theoretisch jeden Monat einen Roman veröffentlichen. Doch auch Selfpublisher sind keine Schreibroboter – und dann müssen sie sich die Hälfte ihrer Zeit noch ums Marketing kümmern. Die Sozialen Medien sind Zeitfressmaschinen, die sehr schnell vergessen. Also muss man erstens das aktuelle Buch so häufig wie möglich in das sozial-mediale Gedächtnis zurückrufen und zweitens so schnell wie möglich etwas Neues anbieten können. Folge ist, dass Selfpublisher zwei bis drei Romane pro Jahr veröffentlichen. Natürlich kann man dann die Frage nach der Qualität stellen. Durch Delegierung von Aufgaben an entsprechende Experten kann der gewiefte Selfpublisher aber durchaus ein gewisses Qualitätsniveau halten.

Haben Sie es mit den richtigen Krimis, dem richtigen Marketing und dem richtigen Pricing und auch etwas Glück einmal geschafft, in die Bestsellerränge bei den großen E-Book-Anbietern zu gelangen, warten hohe Erlöse auf Sie. Und je erfolgreicher ein Selfpublisher ist, desto interessanter wird er auch für die klassischen Verlage, die die Szene durchaus im Blick haben. Dann kann es sein, dass ein Verlag dem Selfpublisher ein Buchprojekt oder eine Reihe anbietet. Auf diese Weise können Selfpublisher die gute Reputation, die die Aufnahme in einen Verlag bedeutet, auch auskosten. Kann sein, dass sich dieses Projekt dann finanziell womöglich gar nicht so auszahlt, wie es eine Selbstveröffentlichung getan hätte, aber der Selfpublisher profitiert so von dem Renommee, das eine Verlagspublikation bedeutet. Vielleicht kommt er sogar in die Presse oder gelangt an andere Kontakte. Auf jeden Fall ist er ab sofort ein sogenannter Hybrid-Autor, der zweigleisig fährt. Je populärer Selfpublishing wird, desto größer wird in der Zukunft die Zahl der Hybridautoren werden, denn so ergibt sich für Autoren ein erweitertes Publikationsspektrum.

Wie bewerben?

Manchen Verlagen und Literaturagenturen werden bis zu zwanzig Manuskripte pro Tag angeboten. Hier findet also ein radikaler Ausleseprozess statt, bei dem Sie nicht schon durch falsch verstandene Formalien ausgesiebt werden sollten.

Am besten bewerben Sie sich, nachdem Sie sich im Internet informiert haben, bei mehreren Verlagen oder (!) Agenturen gleichzeitig mit einer persönlich adressierten HTML-E-Mail von einer neutral klingenden E-Mail-Adresse (beispielsweise mit Ihrem Namen) aus. Wenn Sie online keinen Ansprechpartner finden, fragen Sie telefonisch nach. Für die E-Mail-Schrift empfehle ich eine klassische schwarze oder dunkelblaue Serifenschrift wie *Garamond* oder *Georgia* der Größe 12 mit anderthalbfachem Zeilenabstand.

Mit der E-Mail schicken Sie eine im Kopf- oder Fußbereich mit Ihrem Namen, Titel des Manuskripts und Seitenzahlen versehene Leseprobe (die ersten 30 Seiten Ihres Manuskripts), ein Exposé und eine Kurzvita, am besten im PDF-Format. Wenn Ihre Kurzvita noch keinerlei Veröffentlichungen vorzuweisen hat, also geringen Umfangs ist, können Sie sie auch ans Ende des Exposés setzen.

Das Anschreiben

In die E-Mail selbst kommt das Anschreiben. Darin weisen Sie kurz und bündig auf Ihr Anliegen hin, nennen Titel, Normseitenzahl (à 1800 Zeichen inklusive Leerzeichen) und Subgenre Ihres Werks, die Anhänge und womöglich noch das ein oder andere Argument, das Sie aus der Masse der Bewerber hervorhebt, sei es ein gemeinsamer Kontakt oder ein gewonnenes Stipendium oder diese oder jene belletristische Publikation zum Beispiel in Literaturzeitschriften unter Ihrem Namen. Hier können Sie auch genauere Gründe aufführen, warum Sie sich ausgerechnet an diesen Verlag oder jene Agentur wenden: aufgrund des Profils und Portfolios, ähnlich gelagerten Titeln, ähnlichen Autorenbiografien etc. Ihre in Fachzeitschriften publizierten akademischen Artikel interessieren hier leider nicht. Das Anschreiben sollte der professionelle Leser innerhalb einer Sekunde überfliegen können. Die essentiellen Informationen gehören nicht hierhin, die gehören in die Anhänge. In die Betreffzeile schreiben Sie Ihren Namen und den Titel Ihres Werks.

Sieben Beispiele, wie man ein schlechtes Anschreiben verfasst

1 »Nehmen Sie mich, Dan Brown hat auch mal klein angefangen«

2 »Dieses Buch ist aber wirklich etwas Besonderes, denn es gibt nichts Vergleichbares«

3 »Um Sie nicht zu überhäufen mit allen 10 Büchern, schicke ich Ihnen ein Kinderbuch, das in Zusammenarbeit mit einem Cartoonisten gerade entstanden ist. Es sollen noch weitere folgen und natürlich auch die Trilogie ...«

4 »Anbei finden Sie meine letzten acht Erotikromane«

5 »Meine Tochter (27 Jahre alt, beendet Journalistik in Universitaet!) schreibt seit ihrer Kindheit gerne Maerchen, Erzaehlungen, Geschichte , Romane.«

6 »zum Anliegen des männlichen Autors, übersendet der Aspirant, Ihnen die persönlichen Materialien!«

7 »... und schon wieder landet ein Manuskript auf Ihrem Schreibtisch. Eines von fünf, zehn, zwanzig, fünfzig oder mehr pro Woche? Das wievielte Manuskript mag meines wohl sein? Ehrlich, ich kann es Ihnen nicht verdenken, wenn Sie es umgehend wieder zurücksenden.«

Wie Sie es besser machen

Zuallererst: Rechtschreibung und Kommasetzung sollten im Anschreiben stimmen. Gewisse Kenntnisse derselben werden bei Ihnen als Autor verständlicherweise vorausgesetzt.

Sie sollten sich darüber hinaus in Ihrem Anschreiben am besten nicht übermäßig selbst beweihräuchern. Natürlich findet jeder Autor sein eigenes Schreiben am besten. Das wissen auch Lektoren und Literaturagenten und muss ihnen also nicht noch extra unter die Nase gerieben werden.

Des Weiteren rate ich dazu, jeweils nur ein Werk anzubieten. Ansonsten kann sich der Empfänger fragen, warum Sie denn für die anderen bisher keinen Verlag gefunden haben oder mit welch zweifelhafter Sorgfalt Sie beim Verfassen vorgehen. Ein Buch eines unbekannten Autors herauszugeben, ist für jeden Verlag ein Risikogeschäft.

Dass der Verlag Ihnen gleich mehrere abkauft, ist äußerst unwahrscheinlich. Umso schlimmer, wenn Sie auch noch zugeben, dass Sie sich in vielen verschiedenen, komplett gegensätzlichen Genres herumtreiben. Das Beherrschen verschiedener Genres ist selbst für gestandene Autoren eine Herausforderung!

Abraten würde ich auf jeden Fall von zu viel formaler wie inhaltlicher Stilisierung bei der Bewerbung. Insbesondere auf allzu große Kreativität im Bereich Rechtschreibung und Kommasetzung ist kein Verlag erpicht, der sich nicht mit experimenteller Literatur beschäftigt. Im Gegenteil, er muss dann einen Korrektor teuer bezahlen.

Last but not least glaube ich nicht, dass übermäßige Einfühlung in die geschundene Seele eines von Manuskripten und Anfragen überhäuften Lektors oder Literaturagenten zum Ziel führt. Lektoren und Agenten sind in der Regel ganz zufrieden mit ihrem Job, der intellektuelle und schöpferische Tätigkeiten umfasst und allgemein gut angesehen ist. Von Autoren brauchen sie kein Mitleid, sondern gute Manuskripte.

Formulieren Sie Ihr Anschreiben also besser sachlich-nüchtern und vermitteln Sie, dass Sie sich der Ernsthaftigkeit und des professionellen Anliegens der Sache bewusst sind: Hier geht es um Arbeit und um Geld, amateurhaftes Verhalten ist fehl am Platze. Unterlassen Sie es am besten auch, dem professionellen Leser einen hundert Rosen umfassenden Blumenstrauß zu schicken oder einen Fünfhundert-Euro-Schein zwischen die Seiten Ihres Manuskripts zu legen, so tief steht Deutschland nicht auf dem Korruptionswahrnehmungsindex!

Das Exposé

Das Exposé ist die komprimierte Darstellung und Einordnung Ihres Manuskripts. Darin sollte auf wenig Raum alles Wesentliche, die Idee, das Thema, die Handlung und die wichtigsten Figuren in groben Zügen zum Ausdruck kommen. Hier muss alles zu ersehen sein, was Ihr Manuskript auszeichnet und Ihnen wichtig ist. Auf den bis zu drei Seiten, die das Exposé an Umfang nicht übersteigen sollte, finden sich folgende Punkte:

- Buchtitel
- Genre
- Umfang: Normseiten, Zeichen inkl. Leerzeichen
- Zielgruppe: (»für Leser von …«)
- Thema/Themen
- Pitch/Logline/Kurzzusammenfassung (zwei bis drei Sätze)
- Falls notwendig Gliederung
- Aussagekräftiges Zitat aus dem Text als »Werbeslogan«
- Inhaltszusammenfassung (ca. eine Seite)
- Figuren: 1. Hauptfiguren, 2. wichtigste Nebenfiguren
- Falls vorhanden historischer Hintergrund
- Falls vorhanden ein Blurb (Werbender Kommentar eines Krimi-Promis für das Manuskript, den der Verlag auf die Buchrückseite drucken kann)

Sieben Beispiele, wie man ein schlechtes Exposé verfasst

1. »Der Kriminalroman folgt in seiner literarästhetischen Programmatik den Theoriesätzen der poststrukturalistischen Philosophie, was ihn zur auch außerhalb der akademischen Sphären bekannt gewordenen Figur der Auflösung des Subjekts und des Autors führt.«
2. »In meinem Roman geht es um das Thema Liebe und Tod«
3. »Es ist ein Krimi, aber eigentlich ist es auch … indem ich versucht habe …«
4. »Modell für meinen Kriminalroman stand ›Mord im Orient-Express‹«
5. »Der Text handelt vom Nachwuchsautor XY, der mit seinem ersten Buch keinen Erfolg hatte und nun sein zweites Buch schreibt.«
6. »Das Buch befasst sich mit der zeitgenössischen Gesellschaft und allen aktuellen Problemen sowie den Auswirkungen der Globalisierung«
7. »XY ist ein sehr sympathischer und berührender Roman, weil er lustig und sogar ein bisschen spannend und gut verständlich und rasant geschrieben ist.«

Wie Sie es besser machen

Sicherlich ist es hier oder da angebracht, ein paar allgemeine Sätze zum Manuskript zu verlieren, um es einzuordnen. Was ein Exposé dagegen nicht zu beinhalten braucht, ist die Darstellung theoretischer Vorüberlegungen oder ausführlicher literaturwissenschaftlicher Interpretationen zum Roman. Es ist schlicht keine Funktion eines Autors sein eigenes Werk zu interpretieren. Dafür sind andere zuständig, aber das gehört nicht hierher.

Es ist komplett richtig, das Thema Ihres Manuskripts zu benennen, aber das sollte nicht so weit gefasst sein, dass damit »Liebe«, »Tod« oder »das Leben« gemeint ist. Das ist überflüssig, denn darum geht es in fast allen Büchern. Damit machen Sie es sich etwas zu einfach…

Nichts ist schlimmer, als wenn der Autor selbst nicht weiß, was er da geschrieben hat. Die Unfähigkeit sein Werk kurz zusammenzufassen, lässt auf eine fehlende Einheit des Ganzen schließen. Wenn der Lektor bereits hier merkt, dass es der Autor nicht schafft, das Wesentliche auf den Punkt zu bringen, wie wird dann erst das Manuskript sein?

Zur Einstufung ähnliche Werke oder Autoren zu benennen, die etwas Ähnliches geschrieben haben, kann sinnvoll sein. Damit vermitteln Sie zugleich Kenntnisse der Buchlandschaft und des Buchmarktes. So ähnlich hätte es ein kundiger Literaturagent vielleicht auch eingeschätzt. Doch erstens sollten Sie vorsichtig sein bei direkten Vergleichen mit Sebastian Fitzek, Frank Schätzing oder Charlotte Link. Die gehören zur Creme de la Creme der deutschen Kriminalliteratur, Sie nicht. Und zum zweiten kann der falsche Vergleich Ihr Werk ganz schnell veraltet erscheinen lassen. Kein Mensch schreibt heute noch so wie Agatha Christie oder Arthur Conan Doyle! Auch wenn manche Krimifreunde diese Autoren heute noch gern lesen, gute Kriminalliteratur entwickelt sich mit unserer Gesellschaft weiter!

Achtung, Kategorienfehler! Viele Autoren verwechseln Exposé und Klappentext. Dabei sind das grundverschiedene Texte mit unterschiedlichen Adressaten. Der Klappentext richtet sich an den Käufer, das Exposé an den Lektor oder Literaturagenten. Es geht bei Letzterem also weniger um stilistisch abgerundete Produktwerbung mit offenem

Handlungsende. Die professionellen Leser kann man mit massiver Eigenwerbung, Einbettung in gängige Handlungsmuster, Verwendung von werbenden Adjektiven bzw. Adverbien und Cliffhanger nicht hinter dem Ofen vorlocken; hier müssen Sie schon etwas mehr anbieten. Auch wenn eine positive Darstellung Ihres Manuskripts sicherlich hilfreich ist, geht es im Exposé nur in zweiter Linie um eine schönende Darstellung. Schildern Sie auch das Ende der Handlung und die Auflösung! Lektoren und Literaturagenten sind Spoiler-erfahren.

Pitch/Logline

Mit diesen englischen Begriffen bezeichnen wir die Kurzzusammenfassung des Plots in zwei bis drei Sätzen. Und bevor Sie fragen: ja, das geht!

Darin sollten folgende Dinge genannt sein:

- Hauptkonflikt
- Protagonist, Opfer und ev. Antagonist(en)
- Eventuell Ort und Zeit (wenn historisch) der Haupthandlung

Auch hier kann ein schlechter Pitch auf Mängel an Dramaturgie, ein Zuviel an Themen, Plotwidersprüche oder eine fehlende Einpassung in Genre-Anforderungen verweisen. Auch eine verfehlte, weil veraltete oder uninteressante Themenwahl und ein Mangel an Dramatik lassen sich hier ablesen. Beschreiben Sie die Hauptfigur (= Identifikationsfigur) mit Name, Alter und charakterisierenden Adjektiven und Adverbien. Adjektive und Adverbien sind hier erlaubt, weil unser Platz beschränkt ist und die Wortart raumsparende Eigenschaften hat.

Inhaltszusammenfassung

Die etwa einseitige Zusammenfassung der Handlung Ihres Manuskripts sollte zu Beginn gleich auf die kriminelle Tat und das oder die Opfer zu sprechen kommen. Wer, wann, was, wo? Hier benötigen wir alle Informationen, die der Leser im Laufe der Handlung erhält, ohne Rücksicht auf die personale Perspektive des Helden oder anderer Figuren. Was ist anschließend der Auslöser für den Eintritt des Protagonisten in die Haupthandlung? Die Nebenhandlung kann kurz in einem Nebensatz erwähnt werden, hat aber ansonsten hier nichts zu suchen. Welche Straftat hat stattgefunden? Wer ist das Opfer? Warum beginnt der (nicht-professionelle) Held zu ermitteln? Was verbindet ihn mit dem Opfer, der Tat oder dem Täter? Welche Verdächtigen und welche Motive gibt es? Wie entwickelt sich die Geschichte und aus welcher Logik heraus? Kein erwähnter Handlungsteil sollte ohne Grund und Folge sein. Motive sind extrem wichtig!

Nennen Sie nur die wichtigsten Figuren (maximal sechs) beim Namen, die sollten dann mindestens zwei Mal erwähnt werden, sonst brauchen wir die Namen nicht. Erklären Sie, wer die Figuren sind (Beruf, Beziehung untereinander).

Am Ende lösen Sie die Geschichte auf und nennen den Täter und seine Motive. Keine Fragen sollten hier offen bleiben.

Sieben Tipps, wie Sie Ihre Inhaltszusammenfassung auf eine Seite bekommen

1. Benennen Sie nur Relevantes!
2. Figuren müssen nicht umfangreich skizziert werden, jedoch sollten die grundlegenden Motivationen für ihre Handlungen erkennbar sein. Verzichten Sie auf äußere Beschreibung!
3. Welcher zentrale Konflikt macht das Werk spannend? Konzentrieren Sie sich darauf!
4. Einzelheiten der Ermittlung müssen nicht ausgeführt werden. Manchmal reicht es zu schreiben, dass unser Protagonist erfolgreich ermittelt und welche Ergebnisse das zeitigt.
5. Unwichtige Nebenhandlungen und Nebenfiguren sollten im Exposé nicht auftauchen und können eher verwirren. Figuren sollten immer auch mit ihrer Funktion eingeführt und/oder in Beziehung zu anderen Figuren gesetzt werden.
6. Wie auch im Manuskript sollte es im Exposé sprachlich nichts Überflüssiges geben: Phrasen streichen! Floskeln tilgen!
7. Verzichten Sie auf übermäßige Beschreibung!

Ihre Kurzvita

Ihre Kurzvita ist nicht Ihr Lebenslauf, den Sie bei Ihren Bewerbungen um einen neuen Job einreichen. Hier geht es nicht um Ihre schulische oder akademische Ausbildung oder Ihre Berufserfahrungen. Deswegen ist eine Kurzvita, wie der Name sagt, in der Regel kurz. Sie sollte mindestens enthalten:

- Name
- Wohnort
- Beruf
- Alter (zumindest bei Männern)
- Eventuell Kinder

Ansonsten gehören nur für Ihr Buchprojekt relevante Dinge in den Text, die Ihre Kompetenz als Autor herausstellen. Akademische Fachliteratur ist hier irrelevant. Das können sein:

- Veröffentlichungen (Jahr und Verlag angeben)
- gewonnene Literaturpreise oder Stipendien
- Berufliche Schreiberfahrungen (zum Beispiel als Journalist)
- Erfahrungsgewinnung (Reise, Recherche an Orten, die für das Buch relevant sind)

Falls es hier einen bedeutsamen Hintergrund gibt, können Sie gern Ihre Motivation und Beweggründe ausführen, die zur Beschäftigung mit dem behandelten Thema geführt haben.

Wenn Sie ein ansprechendes Foto von sich haben, das kein im Fotoatelier erstelltes Bewerbungsfoto ist, sondern Sie in legerer, entspannter Pose zeigt, sollten Sie das Ihrer Kurzvita beifügen. Gesichter sagen viel aus – das kann den Eindruck, den der professionelle Leser von Ihnen erhält, verbessern.

Farbige Fotos sind meist besser als schwarz-weiße. Es sollte 10x14 cm groß sein und für die Druckfähigkeit mind. 300 dpi haben. Es sollte frontal vor einem ruhigen Hintergrund aufgenommen sein, das Gesicht weder angeschnitten noch verdeckt.

Ich oder er? Auch wenn das für Sie anfangs komisch klingt: Verlage sehen Kurzvitae gern in der dritten Person Singular, weil sie dann auch an anderer Stelle verwendet werden können, also beispielsweise im Buchumschlag oder für die Presse.

Anhang 1: Informationen zu Mord und Ermittlung im deutschen Alltag

Wie mordet man?

- Was ist das Mordwerkzeug? Woher hat der Täter Zugang dazu? War es eine »Waffe der Gelegenheit«, also vom Tatort, oder hatte der Täter die Waffe bei sich? Die Tatwaffe sollte zum Täter passen. Keine zarte Frau wird ihren Mann mit einem Vorschlaghammer töten. Ein Bankräuber wird einen Angestellten nicht erwürgen. Kein bulliger Mann wird über komplizierte Gifte nachdenken, wenn er einfach einen Golfschläger als Waffe verwenden kann.
  - Messer
  - Strick/Band/Schnur/Garotte
  - Pistole (zum Beispiel Berliner Polizei 2016: Sig Sauer P6 9mm)/Gewehr
  - Hammer/Gegenstand
  - Gift (kann heutzutage bei einer Obduktion immer besser nachgewiesen werden)
  - Einsperren und verdursten/verhungern lassen
  - ohne Werkzeug erwürgen etc.
  - Brandstiftung/Sprengstoff
  - Auto/Zug/Flugzeug/Drohne
- Was ist der beabsichtigte Gewinn (materiell, politisch, sexuell, emotional)?
- Wann und wo findet die Tat statt? Ist der Tatort der Fundort der Leiche?
- Hat der Täter ein (gefälschtes) Alibi? Wenn ja, von wem?

Anschließend an die Tat:

- Welche Maßnahmen ergreift der Täter, um seinen Gewinn zu verdecken?
- Welche Maßnahmen ergreift der Täter, um seine eigene Identität zu verstecken (verkleiden, Selbstmord vortäuschen, verreisen)?
- Welche Maßnahmen ergreift der Täter, um das Opfer zu verdecken (Spuren verwischen, Leiche verstecken)?
- Versucht der Täter einen fingierten anderen Täter zu beschuldigen (Motivschmuggel, DNA- und Faserspuren platzieren, fingierten Täter manipulieren)?
- Wer ist Mitwisser? In der Realität gibt es fast immer einen Mitwisser, einen Freund, eine Geliebte, einen Partner oder Zellengenossen.

Zum Opfer:

- Wer ist (sind) das (die) Opfer? Zu 80 % sind in der Realität Mörder und Opfer vor der Tat einander gut bekannt. Das heißt, das Opfer kommt aus der Familie, dem Freundes- oder Bekanntenkreis oder vom Arbeitsplatz des Täters. Insbesondere Frauen werden häufig von ihnen gut Bekannten ermordet. Nichtsdestotrotz gibt es eine Minderheit von Mordfällen, wo dies nicht der Fall ist.
- Ist das Opfer überhaupt tot? Mindestens Leichenstarre, Leichenflecken oder Leichenfäulnis sollte bei einem toten Opfer zu beobachten sein. Sonst kann es gut sein, dass es wieder aufsteht und wegläuft.
- Wo, wann und wie wird die Leiche gefunden? Achten Sie auf die biologischen Verwesungs- und Faulprozesse!
- Sichtbare Totenflecken, also nicht an den aufliegenden Körperteilen, können, wenn zwischen sechs und zwölf Stunden nach dem Tod beigebracht, auf einen Ortswechsel der Leiche hinweisen.
- Die Leichenstarre, die etwa vier Stunden post mortem langsam eintritt, ist nach sechs bis acht Stunden komplett und löst sich erst nach 36 bis 72 Stunden wieder. Bei jeder Leiche, so die Außentemperatur nicht sehr niedrig ist oder sie komplett verschlossen liegt,

gibt es in kürzester Zeit Schmeißfliegen, die in den Körperöffnungen ihre Eier ablegen. Je länger die Leiche dort liegt, desto größer sind die Fliegenschwärme, die dem Fundortbegeher begegnen.
- Wie hoch ist die Körperkerntemperatur? Nach dem Tod bleibt sie zwei bis drei Stunden lang bei etwa 37°C, der Lebendtemperatur. Danach fällt sie pro Stunde ungefähr ein Grad ab, bis sie bei Lufttemperatur angelangt ist.
- Reagieren die Gesichtsmuskeln des Toten noch auf elektrische Reize? Das ist nämlich noch sechs bis acht Stunden nach dem Tod der Fall.
- Reagieren die Pupillen auf entsprechende Augentropfen und vergrößern oder verkleinern sich? Dann kann der Tod maximal zwölf Stunden her sein.
- All diese Messresultate, die der Rechtsmediziner häufig am Fundort aufnimmt, helfen mittels eines Computerprogramms, den ungefähren Todeszeitpunkt so genau wie möglich zu bestimmen. Eine Ungenauigkeit von mindestens etwa zwei bis drei Stunden Abweichung davon muss unser Ermittler bei der Abfrage der Alibis der Verdächtigen allerdings miteinberechnen.

Wer ist die ermittelnde Partei?

- Wer ist (sind) der (die) Ermittler?
  - Laien (Journalisten, Nachbarn, Beteiligte, Zeugen …)
  - Profis (Kriminalpolizei, Privatdetektive, »Spürhunde«)
- Welchen Rang hat der möglicherweise ermittelnde deutsche Kriminalpolizist des gehobenen Dienstes? Er heißt in der Regel Kriminalkommissar, Kriminaloberkommisssar, Kriminalhauptkommissar. Diese Ränge sollte man insbesondere im Hinblick auf das Alter des Protagonisten im Auge behalten. In einigen Kantonen der Schweiz gibt es andere Bezeichnungen. In Österreich sind aufsteigend folgende Ränge für die Leitungsebene vorgesehen: Gruppeninspektor, Bezirksinspektor, Abteilungsinspektor, Kontrollinspektor, Chefinspektor.
- Der Berliner Kriminalpolizist arbeitet beim Berliner Landeskriminalamt LKA1 – Delikte am Menschen mit den Dezernaten LKA11

(Morddezernat mit 8 Mordkommissionen), LKA12 und LKA13, vom Leiter der LKA11 werden Ermittlergruppen (aus z. T. mehreren Mordkommissionen) gegründet (zum Beispiel EG97 Stuttgarter Platz)

- Was sind die Spuren, die die Ermittler finden?
  - Portemonnaie (Identität)
  - Haare, Blut, Hautabrieb/Zellmaterial (zum Beispiel an Mordwaffe), Speichel (Vergleich mit
  - Zahnbürste des Opfers), Sperma (5 Tage lang nachweisbar),
  - Zähne helfen zusammen mit dem Zahnschema des Zahnarztes des Opfers zu dessen Identifizierung
- Wodurch starb der Tote? Manchmal kommt es zu versuchten Täuschungen der Todesart durch die Täter, so dass zum Beispiel der eigentlich vergiftete Tote verbrannt wird. Gleiches findet sich bei Selbstmördern, die zwei Todesarten kombinieren (zum Beispiel Erschießen und in den Tod springen). Deswegen werden Leichen immer nach »Vitalspuren« (zum Beispiel Blutaspiration, das Einatmen von Blut, Unterblutungen, das sind Hämatome, oder auch Ruß- oder Schmutzpartikel in Bronchien und Luftröhre) im untersucht, die zeigen, dass sie bei der angenommenen Todesart noch am Leben waren.
- Gibt es bei Schusslöchern Schmauchspuren (bei bis zu 50 cm Entfernung der Waffe vom Körper zu erkennen)
- Welche falsche Spuren und falsche Verdächtige gibt es?
  - zum Beispiel den Sündenbock: ein zweitrangiger Gegner des Opfers, der vom wahren Täter als vermeintlicher Täter in Szene gesetzt wird.

Wann ermittelt die Polizei?

Wenn der zuständige Arzt nach der **Beschau des Toten** nicht sicher ist, dass dieser einen natürlichen Tod gestorben ist. Der Arzt hat auf der Todesbescheinigung die Möglichkeiten »Natürlich«, »Nicht natürlich« und »Ungeklärt« anzukreuzen. Entscheidet er sich für die letzten beiden, kann ein durch die Staatsanwaltschaft eingeleitetes »Todesermittlungsverfahren« die Folge sein. Die Leiche wird beschlagnahmt und die Staatsanwaltschaft entscheidet, ob sie »geöffnet« wird.

Eine **Leichenöffnung** muss nach der Strafprozessordnung immer von zwei Ärzten vorgenommen werden. Einer von ihnen muss Gerichtsarzt oder Leiter eines öffentlichen gerichtsmedizinischen oder pathologischen Instituts sein. Die Staatsanwaltschaft hat bei der Leichenöffnung ein Anwesenheitsrecht, auf ihren Antrag auch ein Richter. Bei der Obduktion werden dann die drei Höhlen des menschlichen Körpers geöffnet: Brust, Bauch und Kopf. Ihre Organe werden entnommen und untersucht.

Eine attraktive Ermittlerfigur ist der **Profiler**, »der Grübler und Querdenker unter den Ermittlern« (Petermann 6). Mitarbeiter beim Profiling bzw. der Operativen Fallanalyse (OFA) arbeiten den Kollegen der Mordkommission zu, um ein Täterbild zu den folgenden Aspekten Emotionalität, Pathologie, Stressresistenz, Effizienz, Intentionen zu erstellen. Voraussetzung für den Einsatz dieser Mitarbeiter ist häufig ein komplizierter Fall. Fragen, die sich ein Profiler zu einer Tat stellt, sind u. a.:

- gezieltes/zufälliges Opfer
- Tötungsweisen
- bei Beziehungstat häufig »Übertöten« oder Verstümmelung von Gesicht und/oder Genitalien
- Aktion oder Reaktion
- Schlüsse aus dem Tatort (Ortskenntnisse des Täters?)
- Sequenzanalyse:
  - minutiöse Rekonstruktion des Tathergangs
  - Wann hat der Täter was getan und gab es dazu jeweils Alternativen?
- Datenbankbefragung
  - POLAS (Polizeiliches Auskunftsystem): Polizei, Bundespolizei, Bundeskriminalamt
  - INPOL
  - ViCLAS (Violent Crime Linkage Analysis System)
  - SIS, die Schengener Datenbank

  - DNA-Datenbank
  - BKA-Schusswaffendatenbank
  - POLIKS, die Berliner Datenbank
  - Flensburg
- Videoüberwachungscheck (öffentliche Plätze, Bahnhöfe etc.), Taxifahrer
- Zeugenbefragungen (von jeweiligen Polizeiabschnitten übernommen)
- Viktimologie (bei Serientätern interessant)
- Tatnachstellung
- Fachgutachten (vom Rechtsmediziner, forensischem Psychologen)

Endlich, wir haben einen Verdächtigen! Nachdem dieser von der Polizei festgenommen ist, müssen die ermittelnden Beamten in Deutschland bis zum nächsten Tag der Staatsanwaltschaft und dem Haft- bzw. Ermittlungsrichter (der Ermittlungsrichter ist beim Erlass eines Haftbefehls ein Haftrichter) Beweismittel (hier wird zwischen Personen- und Sachbeweisen unterschieden) für die Schuld des Festgenommenen vorlegen. Wenn die Juristen von seiner Schuldhaftigkeit überzeugt sind und Flucht-, Verdunklungs- oder Wiederholungsgefahr besteht, kommt er in Untersuchungshaft. Wenn derlei Gefahr nicht zu bestehen scheint, wird er »verschont« und bekommt Meldeauflagen oder muss eine Kaution stellen. Entscheidend hierfür mag auch die im Bundeszentralregister einsehbare Vorstrafenliste des möglichen Täters sein, die beantragt und eingesehen werden kann. Falls keine Schuldhaftigkeit festgestellt werden kann, ist der Festgenommene wieder freizulassen und die Kriminalbeamten machen sich erneut auf die Suche nach dem Schuldigen und den Beweismitteln. Ist der Haftrichter später von der Schuld eines Verdächtigen überzeugt, erlässt er einen Haftbefehl. Der Beschuldigte hat in Haft jederzeit das Recht, eine Anhörung und eine Haftprüfung zu beantragen, um seine Unschuld zu beweisen. Die Staatsanwaltschaft eröffnet ein Verfahren. Oft erst Monate später beginnt der Gerichtsprozess, obwohl Verfahren mit Untersuchungshäftlingen von der Staatsanwaltschaft mit Priorität behandelt werden. 2016 saßen in Deutschland 85 Prozent der Mordverdächtigen in Untersuchungshaft. Kommt der Verurteilte in Haft, wird eine Vollzugsakte zu ihm angelegt, in der sein Verhalten in Haft dokumentiert wird, was im positiven Fall eventuell zu einer vorzeitigen Entlassung führen kann.

Ein häufig genutztes Mittel, um Täter dingfest zu machen sind Abhörmaßnahmen seiner Helfersleute. Das Abhören, Mitlesen und Mitschneiden von Telefongesprächen oder Nachrichten (aus beschlagnahmten Handys) setzt allerdings einen gerichtlichen Beschluss voraus. Dafür sind hinreichende Anhaltspunkte für eine schwere Straftat nötig, wie zum Beispiel bandenmäßiger Waffenhandel. Aber auch das Abhören kann manchmal nicht ausreichen, um genug Beweismaterial zu sammeln, denn kriminelle Profis verwenden häufig Codewörter. Ihre heiße Ware nennen sie am Telefon selten beim Namen, sondern sprechen lieber von Zucker, Birnen oder siamesischen Katzen.

Solange der Verdächtige auf dem Präsidium ist, kann er vernommen und seine Aussagen aufgezeichnet werden. Allerdings hat er das Recht, die Aussage zu verweigern, aus Sicht der Ermittler die ungünstigste aller Möglichkeiten. Bei der Vernehmung geht es im besten Fall darum, ihm ein Geständnis abzuringen. Gelingt das nicht, versuchen die Beamten immer noch, ihn mit offenen Fragen zum Reden zu bewegen, damit sie mehr Einzelheiten zur Sicht des Verdächtigen auf die Sachlage erfahren. Auch wenn dieser – beispielsweise wenn mit dem Mordvorwurf konfrontiert – lügt, können diese Lügen eine Möglichkeit darstellen, ihn in Widersprüche zu verwickeln. Kann er diese Widersprüche nicht auflösen, macht er sich weiter verdächtig. Spricht der Vernommene nicht frei heraus, muss der Kriminalbeamte hoffen, dass er auf seine Fragen und Vorwürfe wenigsten mit Ja oder Nein antwortet.

Anhang 2: Beispiel Anschreiben

Manfred Buchhausen: Miethai ohne Zähne

lektor@verlag.de

Manfred Buchhausen: Miethai ohne Zähne

Sehr geehrte Frau Saiter,

hiermit möchte ich Ihnen gern wie besprochen für Ihren Verlag meinen humorvollen Regionalkrimi "Miethai ohne Zähne" (280 S.) anbieten. Er schließt thematisch an Ihren im Frühjahr erschienenen Titel "Papiermord" von Bernd Bücheler an.
Von mir erschien 2018 "Immer wieder der Vermieter" im Hausverlag, der beim Blutiges-Papier-Preis auf der Longlist landete, nun suche ich aber einen neuen Verlag.

Im Anhang finden Sie Exposé, Leseprobe und Kurzvita.
Ich freue mich über Ihre Rückmeldung.

Mit herzlichen Grüßen

Manfred Buchhausen

—

Manfred Buchhausen
Gutenbergstraße 15
41919 Gießen

Georgia

Senden

Anhang 3: Beispiel Exposé (und Kurzvita)

Autor: Manfred Buchhausen
Arbeitstitel: Miethai ohne Zähne
Genre: Humorvoller Regionalkrimi
Umfang: 280 S., 420 000 Zeichen inkl. Leerzeilen
Zielgruppe: Für Leser von Mickey Mannhardts »Schuld war nur das Erbgrundstück« oder Lea Herrmanns »Wenn der Immobilienmakler zweimal klingelt«
Thema: Steigende Mietpreise

»Meinfried blickte vom Fernseher auf den vor ihm liegenden Briefumschlag. Hatte der tote Vermieter ihm als letzte Amtshandlung noch diese Kündigung geschickt?«

Logline

Der durch seinen Job unterforderte Lokaljournalist Meinfried Kenzig kommt einem Familiendrama in der eigenen Stadt auf die Spur, bei dem eine von ihrer Mutter angestachelte Tochter zuerst ihren Vater und am Ende die Mutter selbst tötet.

Inhaltszusammenfassung

Der Immobilienmakler Günther Koslowski versucht den Kneipier Jürgen Schmidt aus dessen Immobilie zu vertreiben, um einen Hotelkomplex am See zu bauen. Gerade hat der Prozess begonnen, als Koslowski tot aufgefunden wird. Schmidt gerät ins Visier der Kriminalpolizei und Staatsanwaltschaft. Der Journalist Meinfried Kenzig wird auf den Fall aufmerksam, weil er von seiner Hausverwaltung, die auch zu Koslowskis Firma gehört, ebenfalls ein Kündigungsschreiben bekommen hat. Meinfried recherchiert gerade in einem Korruptionsfall in der örtlichen Verwaltung. Hier wurden Gelder in der Kulturverwaltung vergeben, weil der Mitarbeiter ein Verhältnis mit Kerstin Schmidt, der Ex-Frau von Jürgen Schmidt, hat. Meinfried legt diese Beziehungen in einem Artikel offen. Kerstin Schmidt ist ledig, betreibt einen Lesekreis, bei dem sie u. a. ihre eigenen Gedichte vorstellt, und möchte demnächst ein Literaturfestival organisieren. Von der Kulturverwaltung erhofft sie sich Förderung. Meinfried findet heraus, dass es auch andere gibt, die von Koslowskis Tod profitieren könnten, zum Beispiel dessen Nachbar, der wegen Nachbarschaftsstreitereien ebenfalls gegen ihn prozessierte, Koslowskis Geliebte, die ihre Affäre womöglich aus Eifersucht so beenden wollte, oder dessen Ehefrau, die die Geschäfte des kinderlosen Ehemanns erbt. Meinfried kannte Schmidt und glaubt nicht an dessen Schuldhaftigkeit. Er findet heraus, dass Schmidts Tochter Sophia hinter allem steckt, die bei ihrer diktatorischen und materialistischen Mutter Kerstin mit von ihr vermitteltem Hass auf den Vater aufwuchs. Sophia wird von ihr kontrolliert und hat keinerlei Freiheiten. Als ihre Mutter in der Zeitung von Schmidts und Koslowskis Prozess liest, kommt sie auf die Idee, Koslowski umzubringen und ihrem Ex-Mann die Schuld zuzuschieben. So wären einige Fliegen mit einer Klappe geschlagen: Der unsympathische Immobilienmakler, der auch ihr Haus besitzt, wäre beseitigt, die Immobilie des Vaters, die Sophia erbt, gesichert (und nicht versoffen) und Jürgen Schmidt für einige Jahre weg vom Fenster. Nachdem das so gut geklappt hat, schlägt Sophia noch einmal zu. Gemeinsam mit ihrem Biker-Freund tötet sie nun ihr eigentliches Ziel, ihre Mutter. Als Meinfried zusammen mit Jürgen Schmidts Kellnerin Lea auf Sophia zugeht, schöpft diese Verdacht und ihr Biker-Freund greift Lea an. Meinfried kann Sophia aber ein Geständnis entlocken und Lea retten.

Figuren

Meinfried Kenzig, durchschnittlich groß, schlaksig, dunkle Haare, braune Augen, ist 32 und bei seiner Lokalzeitung unterfordert. Auf der anderen Seite ist er von seiner Mutter, die ihn immer wieder spontan besucht und an Frauen seines Alters verkuppeln will, überfordert. Jetzt hat sein Vermieter ihm auch noch eine Kündigung geschickt.

Sophia Schmidt, 20, gelernte Fleischereifachverkäuferin, ist von ihrer Kindheit stark traumatisiert, in der ihre Mutter ihr keine Freiheiten gelassen und sie bevormundet hat. Ihr aktueller Biker-Freund hat auch keinen positiven Einfluss auf sie. Am Ende ihrer Wünsche steht die Befreiung von der übermächtigen Mutter.

Kerstin Schmidt, 49, lebt seit vielen Jahren von Jürgen, Vater ihrer Tochter Sophia, getrennt. Ihre Tochter erzieht sie autoritär. Um Gelder für ein Literaturfestival zu ergattern, flirtet sie erfolgreich mit dem örtlichen Kulturverwaltungschef. Koslowski zu töten ist ihre Idee.

Günther Koslowski, 63, bedeutendster Immobilienmakler der Region, möchte Jürgen Schmidt aus seiner Kneipe vertreiben, um einen Hotelkomplex am See zu bauen. Als Sophia sich bei ihm meldet, glaubt er noch an ein Sexdate, kurz darauf stirbt er.

Jürgen Schmidt, 56, alteingesessener Kneipier. Im Sorgerechtstreit mit Kerstin Schmidt hat er den Kürzeren gezogen. Seitdem hat er keinen Kontakt mehr zu seiner Tochter Sophia und ist sein bester Kunde. Er verteidigt seine Kneipe gegen den Immobilienmakler Günther Koslowski bis zum Letzten.

Kurzvita des Autors

Manfred Buchhausen wurde 1966 im fränkischen Forchheim geboren. Seit 10 Jahren arbeitet er als Journalist für den Stern. 2015 führte er einen kostspieligen Prozess gegen seinen Vermieter, der ihm gekündigt hatte, und gewann. 2018 veröffentlichte er den Krimi »Immer wieder der Vermieter« im Hausverlag, der beim Blutiges-Papier-Preis auf der Longlist landete. Manfred Buchhausen lebt heute mit seinen drei Kindern in Gießen.

Literaturverzeichnis

Archer, Jodie, Matthew L. Jockers: Der Bestseller-Code. Kulmbach 2017.
Becker, Jurek: Unterwegs. Stuttgart 1996.
Beinhart, Larry: Crime. Kriminalromane und Thriller schreiben. Berlin 2003.
Bentow, Max Der Traummacher. München 2016.
Borrmann, Mechtild: Wer das Schweigen bricht. Bielefeld 2011.
Brenner, Gerd: Kurzprosa. Berlin 2000.
Burger, Hermann: Die allmähliche Verfertigung der Idee beim Schreiben. Frankfurt/Main 1986.
Chandler, Raymond: Die simple Kunst des Mordes. Zürich 1975.
Clark, Roy Peter: Die 50 Werkzeuge für gutes Schreiben. Berlin 2015
Conan Doyle, Arther: Der Hund der Baskervilles. Köln 2009.
Doh, Rainer: Mordkap. Berlin 2017.
Eco, Umberto: Nachschrift zum »Namen der Rose«. München 1986.
Egri, Lajos: Literarisches Schreiben. Berlin 2018
Elsberg, Marc: Blackout. Morgen ist es zu spät. München 2012.
Erpenbach, Heinz: Operative Fallanalyse: Ein kriminalistisches Werkzeug zur Ermittlungsunterstützung im interdisziplinären Netzwerk. In: Forensische Psychiatrie, Psychiologie, Kriminologie. Ausgabe 2/2010.
Frey, James N.: Wie man einen verdammt guten Kriminalroman schreibt. Köln 2005.
Frey, James N.: Wie man einen verdammt guten Thriller schreibt. Köln 2011.
Geier, Monika: Schwarzwild. Hamburg 2007.
Gerstenberg, Ralph: Das Kreuz von Krähnack. Ein Berlin-Brandenburg-Krimi. Berlin 2016.
Glover, David: The Thriller. In: Martin Priestman (Hg.): The Cambridge Companion to Crime Fiction. Cambridge 2003, S. 135-154.
Haas, Wolf: Auferstehung der Toten. Reinbek bei Hamburg 1996.
Harbort, Stephan: Der klare Blick. Mit dem Wissen des Profilers Lügen entlarven und richtige Entscheidungen treffen. München 2016.
Highsmith, Patricia: Suspense oder Wie man einen Thriller schreibt, Zürich 1985.
Hültner, Robert: Am Ende des Tages. München 2013.
Käppner, Joachim: Profiler: Auf der Spur von Serientätern und Terroristen. Berlin 2013.
Kemmerzell, Anja/Else Laudan (Hg.): Das Wort zum Mord – Wie schreibe ich einen Krimi? Hamburg 1999.
Leonard, Elmore: Elmore Leonard's 10 Rules of Writing. New York 2007.
Mankell, Henning: Die fünfte Frau. Wien 1998.
McDermid, Val: Anatomie des Verbrechens. Meilensteine der Forensik. München 2016.
Minier, Bernard: Wolfsbeute. München 2016.

Musharbash, Yassin: Jenseits. Köln 2017.
Mußhoff, Frank: Mordsgifte. Ein Toxikologe berichtet. Köln 2014.
Nusser, Peter: Der Kriminalroman. Stuttgart 2009.
Petermann, Axel: Der Profiler. München 2015.
Peters, Katharina: Toteneis. Berlin 2017.
Rabkin, Eric S.: Narrative Suspense. Ann Arbor 1973.
Resch, Joseph: Gefahr ist mein Beruf. MH17, Pablo Escobar, Florian Homm – Deutschlands erfahrenster Privatermittler packt aus. Berlin 2016.
Riepertinger, Alfred: Mein Leben mit den Toten. Ein Leichenpräparator erzählt. München 2015.
Schärf, Christian: Spannend schreiben. Krimi, Mord- und Schauergeschichten. Mannheim, Zürich 2013.
Snyder, Blake: Rette die Katze. Das ultimative Buch übers Drehbuchschreiben. Berlin 2015.
Stein, Sol: Über das Schreiben. Berlin 2015.
Stevens, Alexander: 9 ½ perfekte Morde. Wenn Schuldige davonkommen – ein Strafverteidiger deckt auf. München 2017.
Suter, Martin: Allmen und die Dahlien. Zürich 2013.
Thomas, Ross: Porkchoppers. Berlin 2016.
Truffaut, Francois: Mr. Hitchcock, wie haben Sie das gemacht? München 1973.
Tschechow, Anton: Briefe. Hg. und übersetzt von Peter Urban. Zürich 1979, 1998.
Tsokos, Michael: Die Klaviatur des Todes. Deutschlands bekanntester Rechtsmediziner klärt auf. München 2014.
Tsokos, Michael: Sind Tote immer leichenblass? Die größten Irrtümer über die Rechtsmedizin. München 2016.
Uhl, Volker (Hg.): Die erste Leiche vergisst man nicht. Polizisten erzählen. München 2005.
Van Dine, S.S.: Zwanzig Regeln für das Schreiben von Detektivgeschichten. In: Jochen Vogt (Hg.): Der Kriminalroman I. Zur Theorie und Geschichte einer Gattung. München 1971, S. 143-147.
Wilfling, Josef: Abgründe. Wenn aus Menschen Mörder werden. München 2010.

Autorenhaus-Verlagsprogramm

Schreiben
Associated Press-Handbuch Journalistisches Schreiben
Von Rene J.Cappon
50 Werkzeuge für gutes Schreiben *Von Roy Peter Clark*
Kurz und Gut schreiben *Von Roy Peter Clark*
Über das Schreiben. *Von Sol Stein*
20 Masterplots *Von Ronald Tobias*

Schreiben & Veröffentlichen
Autoren-Handbuch, 8. Auflage. *Von Sylvia Englert*
Mini-Verlag. Self-Publishing, Verlagsgründung, 8. Auflage.
Von Manfred Plinke

Theater & Stücke schreiben
Die Technik des Dramas *Von Gustav Freytag*
Vorsprechen *Von Paula B. Mader*
Kleines Schauspieler-Handbuch *Von Uta Hagen*
Dramatisches Schreiben *Von Lajos Egri*

Film & Drehbuch schreiben
Die Seele des Drehbuchschreibens – 16 Story Steps.
Von K. Cunningham
Rette die Katze! Das ultimative Buch übers Drehbuchschreiben.
Von Blake Snyder
Die Odyssee der Drehbuchschreiber *Von Christopher Vogler*
Filme machen *Von Sidney Lumet*
Die Technik des Dramas *Von Gustav Freytag*
Dramatisches Schreiben *Von Lajos Egri*
Drehbuch schreiben und veröffentlichen. *Von Claus Hant*
Schritt für Schritt zum erfolgreichen Drehbuch *Von Chris. Keane*
Das Drehbuch *Von Syd Field*
Die häufigsten Probleme beim Drehbuchschreiben und ihre Lösungen.
Von Syd Field
Grundkurs Film *Von Syd Field*
Schreiben fürs Fernsehen *Von Vivien Bronner*

Cartoonbücher
Struwwelhitler. Der Anti-Nazi-Klassiker von 1941
Von Robert u. Philip Spence

Schriftstellerbücher
Musen auf vier Pfoten: Schriftsteller und ihre Hunde
Musen auf vier Pfoten: Katzen und ihre Schriftsteller

Bitte besuchen sie auch www.autorenhaus.de

Autorenhaus-Verlagsprogramm

Autobiografie & Erinnerungen schreiben
Autobiografie in 300 Fragen. *Von Gerhild Tieger*
Erinnerungen und Autobiografie schreiben. *Von Judith Barrington*

Lyrik & Songtexte schreiben
Gedichte schreiben *Von Thomas Wieke*
Songtexte schreiben *Von Masen Abou-Dakn*
Handbuch für Songtexter *Von Jeske/Reitz*

Kreatives Schreiben
Von der Kunst des kreativen Schreibens *Von Julia Cameron*
Bestseller schreiben *Von Albert Zuckerman, Ken Follett*
Schriftsteller werden *Von Dorothea Brande*
Zen in der Kunst des Schreibens *Von Ray Bradbury*
Raum zum Schreiben *Von Bonni Goldberg*
Schreiben in Cafés *Von Nathalie Goldberg*
Creative Writing: Texte und Bücher schreiben *Von Jesse Falzoi*
Der Sprung ins weiße Blatt *Von Cornelia Jönsson*
Beim Schreiben allein *Von Joyce Carol Oates*
Creative Writing: Romane und Kurzgeschichten schreiben.
Von A. Steele/R. Carver
Ein Roman in einem Jahr. *Von Louise Doughty*
Literarisches Schreiben: Starke Charaktere, Originelle Ideen,
Überzeugende Handlung. *Von Lajos Egri*
Fantasy schreiben und veröffentlichen. *Von Sylvia Englert*
Handbuch für Kinder- und Jugendbuch-Autoren. *Von Sylvia Englert*
So lektorieren Sie Ihre Texte. *Von Sylvia Englert*

Kreatives Schreiben für Jugendliche
Türen zur Fantasie. *Von Marion Gay*
Coole Texte schreiben und veröffentlichen – Handbuch
für junge Schreibtalente *Von Sylvia Englert*

Liebesromane & Erotik schreiben
Heftromane schreiben und veröffentlichen *Von Anna Basener*
Erotik schreiben. Wie Sie Sex-Szenen literarisch gestalten.
Von Elizabeth Benedict

Krimi & Thriller schreiben
Crime – Kriminalromane und Thriller schreiben *Von Larry Beirhart*
Literarisches Schreiben *Von Lajos Egri*
Der Mord als eine schöne Kunst betrachtet *Von Thomas de Quincey*
Krimi schreiben und veröffentlichen *Von Patrick Baumgärtel*

Bitte besuchen sie auch www.autorenhaus.de

War dieses Buch nützlich und hilfreich für Sie?
Vielleicht möchten Sie eine Rezension darüber ins Internet stellen?
Autor und Verlag freuen sich darüber und danken Ihnen!